Obst- und Ziergehölze

Peter Himmelhuber

Obst- und Ziergehölze

richtig schneiden

Natur Buch
VERLAG

Was soll der Schnitt bewirken?

Stürme, Frost und andere Kräfte verursachen Brüche und Wunden an Gehölzen. Durch ihre Selbstheilungskraft sind sie jedoch in der Lage, sogar große Wunden zu kurieren. Deshalb vertragen grundsätzlich alle Bäume und Sträucher einen Schnitt.

Selbstverständlich sollte man natürliche, aber auch künstliche Wunden nach Möglichkeit vermeiden. Denn alle Verletzungen kosten Kraft. Der Schnitt ist allerdings nötig, um schöne naturnahe Kronen oder Büsche zu erziehen. Und eine gute Erziehung ist die beste Vorsorge gegen schlimme Verletzungen. So läßt sich beispielsweise durch das rechtzeitige Ausschneiden von steilen Konkurrenztrieben in jungen Jahren ihr Ausschlenzen oder Ausbrechen im Alter verhindern.

Wo er wachsen darf, entwickelt sich ein Apfelhochstamm zu einem prächtigen Hausbaum. Nach der Erziehung ist nur noch ein gelegentlicher Auslichtungsschnitt nötig.

Richtig pflanzen ist besser als schneiden

Bei der Pflanzung eines Süßkirschenhochstammes muß die spätere Kronengröße im Auge behalten werden.

Die richtige Pflanzenwahl und der geeignete Standort sind für gutes Gedeihen entscheidend. Gehölze sind sozusagen eine Anschaffung fürs Leben. Die Standorte sollte man also so wählen, daß sich die Bäume und Sträucher dort auf Dauer entwickeln können.

Eine wichtige Grundlage für gutes Gedeihen ist der Boden. Die meisten Gehölze bevorzugen tiefgründigen, humosen Boden mit gutem Wasserabzug. Staunässe vertragen sie ebenso wenig wie Trockenheit – mit Ausnahme etwa der Weiden, die auch in ständig nassem Boden wachsen, oder der Sanddorn, der selbst auf kargem, trockenem Boden gut gedeiht. Auch hier gilt es, entweder den Boden für die gewünschten Gehölze vorzubereiten und – falls nötig – zu verbessern, oder solche Gehölze zu wählen, die den vorhandenen Boden vertragen. Andernfalls macht die Pflege Mühe, weil ständig mit Schäden und Ausfällen zu rechnen ist. Zu beachten ist außerdem die Robustheit der Gehölze beziehungsweise ihre Frosthärte und Krankheitsresistenz. Sie müssen zur Region passen und das Klima vertragen, denn empfindliche Gehölze machen langfristig keine Freude und fallen immer wieder dem Frost, Pilzkrankheiten oder Schädlingen zum Opfer. Heimische Gehölze sind in der Regel frosthart und robust.

Der Schnitt ist kein Mittel, um Gehölze zu maßregeln, sondern vielmehr eine Möglichkeit, um ihre natürliche Form zu fördern und sie gesund und vital zu halten. So läßt sich ein

Knöterich, der unters Dach wächst, durch den Schnitt zwar reduzieren, eine Platane durch das Stutzen an der Ausbreitung hindern oder eine Fichte durch das Entfernen des Gipfels niedrig halten. Doch dies ist auf Dauer keine empfehlenswerte Praxis. Besser ist es, falls nötig, andere, passendere Gehölze zu wählen, die ungehindert wachsen dürfen.
Wichtig ist auch die Beachtung der Abstände zu Grenzen und nebenstehenden Gebäuden. Die Vorschriften für die Grenzabstände sind je nach Bundesland unterschiedlich, Auskunft darüber gibt das zuständige Gartenamt. Gebäude dürfen nicht bedrängt werden, Bauschäden sind von vorn herein auszuschließen. Auch die Pflanzabstände zu Nachbarpflanzen sollten eingehalten werden. Dies gilt vor allem für Solitärs, also besonders schöne Exemplare einer Gehölzart für den Einzelstand.

Schneiden Sie Buchshecken nicht ins alte Holz, sondern kürzen Sie immer nur die jungen Triebe ein.

Naturnaher Schnitt berücksichtigt die Wuchsform

Selbstverständlich richtet sich der Schnitt nach der Wuchsform der Gehölze. Zu unterscheiden sind säulenförmige Bäume (z. B. Säulenpappeln, Säulenwacholder), kegel- oder eiförmige (z. B. Hainbuchen, Zirbelkiefern), kugelig-rundliche (z. B. Apfel, Zwergkiefer), breitkronige (z. B. Walnußbaum, Pfitzerwacholder) sowie Bäume mit hängenden Kronen (z. B. Hängezierkirsche, Hängezeder). Hinzu kommen noch bodendeckende beziehungsweise kriechende Gehölze (z. B. Felsenmispeln, Kriechwacholder) und einige Sonderformen, so z. B. Gehölze mit gedrehten Ästen (Korkenzieherhasel) oder mit Verbänderungen (z. B. Sachalinweide). Starkwachsende Arten lassen sich kaum durch den Schnitt klein halten. Ebensowenig können breitkronige durch den Schnitt zu säulenförmigem Wuchs gezwungen werden. Artenwahl und

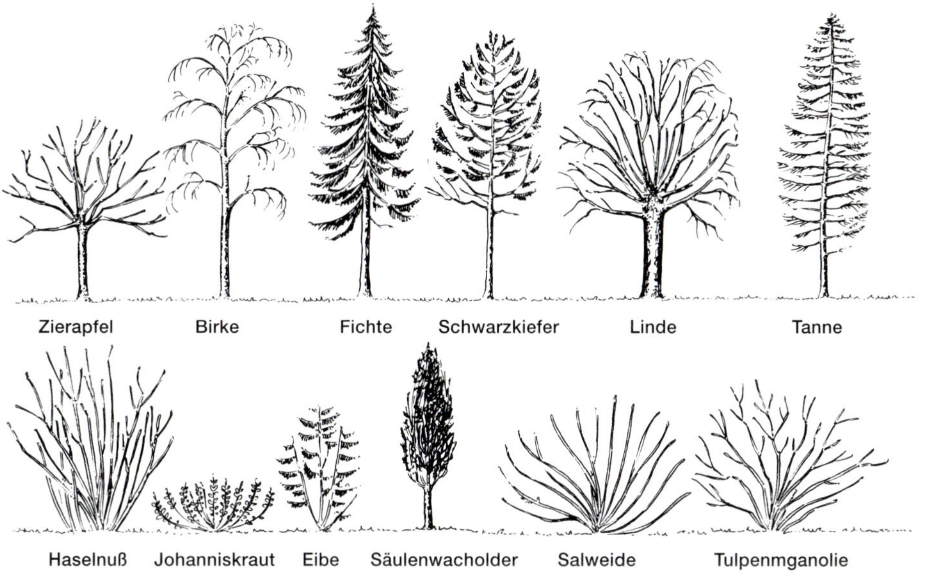

Bäume in allen Größen

Es gibt **große Bäume mit über 20 m** Höhe, z.B. den Bergahorn (*Acer pseudoplatanus*), **mittelgroße Bäume mit 10 bis 20 m Höhe** wie die Hainbuche (*Carpinus betulus*) oder die Scheinzypresse (*Chamaecyparis nootkatensis*), und **kleine Bäume unter 10 m**, wie etwa Apfel-Sorten (*Malus*) oder Lebensbaum-Sorten (*Thuja*). Zudem umfaßt das Gehölz-Sortiment **strauchartige Bäume** beziehungsweise **baumartige Sträucher**, wie etwa die Felsenbirne (*Amelanchier*), den Feldahorn (*Acer campestre*) und den Holunder (*Sambucus nigra*). Zu den **großen Sträuchern über 250 cm** gehören die Korbweide (*Salix viminalis*) oder auch der Pfitzerwacholder (*Juniperus chinensis* 'Pfitzeriana'). Weiterhin gibt **es mittelgroße Sträucher mit 150 bis 250 cm Höhe**, wie etwa der Sommerflieder (*Buddleja*), die Forsythie oder die Krummholzkiefer (*Pinus mugo var. mughus*), sowie **kleine Sträucher mit 60 bis 150 cm Höhe**, zum Beispiel Zierquitten (*Choenomeles*), Buchsbäume (*Buxus sempervirens*) oder Zuckerhutfichten (*Picea glauca* 'Conica'). Schließlich sind da noch **sehr kleine Sträucher unter 50 cm**, insbesondere kleine Berberitzen-Sorten, Felsenmispeln (*Cotoneaster*-Sorten) oder Zwergwacholder (z.B. *Juniperus squamata* 'Blue Star'). Zudem gibt es sogenannte **Halbsträucher**. Das sind frostempfindliche Sträucher, deren Triebe gewöhnlich im Winter absterben, aber im Frühjahr wieder aus dem Wurzelstock austreiben (z.B. *Perovskia, Caryopteris*).

Einordnung nach den BdB-Bestimmungen

Sträucher sind an der Basis mehrtriebig austreibende Gehölze.
Heister wachsen baumartig, jedoch ohne Krone.
Stammbüsche sind baumartige Gehölze mit seitlicher Beastung, einem Stammumfang von mindestens 10 cm und einer Mindesthöhe von 250 cm.
Hochstämme sind baumartige Gehölze, die einen Stamm und eine ausgeprägte Krone haben.
Heckenpflanzen sind baum- oder strauchartig wachsende Gehölze; im Idealfall eignen sie sich durch ihre Wuchsform und Schnittverträglichkeit für Formhecken.
Zudem gibt es noch **Kletterpflanzen**, **Bodendecker** und verschiedene **Rosen**-Typen.

Pflanzung geben praktisch schon vor, wie geschnitten werden muß. Jedes Gehölz wird je nach Art naturnah erzogen und behandelt – mit Ausnahme einiger Sonderfälle, wie etwa Formschnitthecken oder Kopfweiden. Dennoch ist das Schneiden die wichtigste Pflegearbeit bei Gehölzen, besonders als Anwachshilfe beim Pflanzen, zur Erziehung schöner Kronen und Büsche, zur Formgebung bei Hecken, bei Kegelformen und zur Erhaltung der Vitalität. Das Sortiment der Ziergehölze umfaßt sommergrüne, wintergrüne sowie immergrüne Arten. Sommergrüne Arten verlieren im Herbst ihr Laub. Wintergrüne sind Gehölze, die ihr Laub oft den Winter hindurch behalten und erst bei strengem Frost oder im Frühjahr verlieren, wie etwa die wintergrüne Eiche, der wintergrüne Liguster und andere. Zu den Immergrünen zählen viele Nadelgehölze (Fichten, Eiben ...), aber auch Laubgehölze, die das ganze Jahr grün sind (z. B. Buchs, Kirschlorbeer). Auch sie werfen ihre Nadeln oder Blätter ab, jedoch immer nur einen Teil davon. Man sagt, „sie putzen sich“, das heißt sie verlieren immer wieder alte Blätter oder Nadeln im Kroneninneren, sobald diese vom jungen Laub überdeckt werden und kein Licht mehr bekommen.

Schneeball-Arten und Mahonien brauchen keinen besonderen Schnitt. Sie bringen dennoch jedes Jahr reichlich Blüten hervor.

Bessere Ernte durch fachgerechten Schnitt

Auch jedes Obstgehölz gedeiht und fruchtet grundsätzlich ohne Schnitt. Denken Sie nur an wilde Apfel- und Birnbäume oder auch an Zwetschgen- und Kirschbäume, die in der freien Natur wachsen und niemals gepflegt wurden. Sie sind wüchsig und bringen reichlich Früchte hervor, ohne daß sie jemals geschnitten wurden. Anders als im Erwerbsobstbau, wo die Gehölze Quellen des Gelderwerbs sind, haben sie im Garten einen besonderen Wert als Gestaltungselemente. Denken Sie nur an die herrliche Obstblüte im Mai! Hier sollen eindrucksvolle Baumgestalten stehen und schön gewachsene Sträucher, die auch reichlich gutes Obst tragen. Dafür lohnt es sich, ein wenig mehr Mühe und Geduld aufzubringen. Für den Schnitt eines großen alten Apfel- oder Birnbaumes benötigt man etwa einen Nachmittag. Kirsch-, Zwetschgen- oder Nußbäume brauchen ohnehin keinen Schnitt, oder sie müssen nur ausgelichtet und etwas geordnet werden. Die meiste Arbeit an den Obstgehölzen ist für die Erziehung erforderlich.

Schneidet man Apfelbäume nicht, entwickeln sie kleinere Früchte.

Aber da sind sie noch klein und einfach zu behandeln. Nach etwa drei bis vier Jahren ist die Kronenform der Jungpflanzen dann ziemlich festgelegt. Danach müssen sie in der Regel nur noch weiter aufgebaut, ausgelichtet und in Form gehalten werden. Am bestehenden Astgerüst wird normalerweise nichts mehr geändert, damit sich die Gehölze möglichst natürlich und ungehindert entfalten können.

Häufig werden die Bäume gestutzt, weil sie zu hoch wachsen und dadurch schwierig abzuernten sind. Diese Untugend schadet nicht nur den Pflanzen, sondern auch ihren Besitzern. Infolge des starken Schnitts bringen die Gehölze nämlich eine Menge steiler Wassertriebe hervor, denn der Wurzeldruck bleibt ja gleich, und der Saftstrom fließt weiterhin unvermindert in die Krone. Lassen Sie die Gehölze deshalb ungehindert auswachsen. Dann bringen sie nämlich nur verhältnismäßig kurze, auf die ganze Krone verteilte Jahrestriebe hervor. Auch hier gilt: Wenn uneingeschränktes Wachstum nicht möglich ist, sollten Sie von vornherein kleine Obstarten oder -sorten (insbesondere auf schwachwüchsigen Unterlagen) pflanzen. Doch selbst Apfelhochstämme auf starkwüchsigen Veredelungs-Unterlagen sowie Süßkirschen- oder Nußbaum-Veredelungen erreichen maximal eine Höhe von etwa 10 m und einen Kronendurchmesser von etwa 5 bis 7 m. Nur die Wildformen können größer werden.

Auch bei der Übernahme eines Gartens mit zu dichtem Obstgehölzbestand ist es meist besser, einen Teil der Gehölze zu fällen und sich auf einige erhaltenswerte zu beschränken. Diese können sich dann frei entfalten, und in wenigen Jahren entsteht daraus ein gesunder Bestand an natürlich entfalteten Bäumen und Sträuchern.

Durch Beobachtung lernen

Man muß kein gelernter Gärtner sein, um seine eigenen Bäume und Sträucher in Form zu halten. Einige Grundkenntnisse sind jedoch wichtig: Um die erhaltenswerten Zweige zu erkennen, braucht man etwas Geduld. Die Übersicht und die Routine werden dann von Jahr zu Jahr besser, zumal an der Entwicklung der Bäume zu beobachten ist, ob sie richtig geschnitten wurden. Achten Sie auf die typische Wuchsform (Habitus) und kommen Sie der Pflanze entgegen, indem Sie diese beim Schnitt erhalten. Andernfalls versucht die Pflanze immer wieder, ihren natürlichen Charakter durchzusetzen. Warten Sie lieber mit dem Schneiden, wenn Sie sich zunächst noch unsicher sind, und beobachten Sie die Gehölze wenigstens ein Jahr lang in ihrer Entwicklung – wie sie treiben, blühen und fruchten. Dann können Sie gewiß besser beurteilen, welche Zweige wertvoll und erhaltenswert sind und welche Zweige weniger wertvoll sind und stören. Besonders zur Blütezeit im Frühjahr und anschließend während der Fruchtentwicklung ist auch zu erkennen, wie sich Blatt- und Fruchttriebe unterscheiden, ob die Gehölze kurzes oder langes Fruchtholz entwickeln, ob sie noch vital und wüchsig sind und anderes.
Im Winter darauf lassen sich dann schon einige Eingriffe guten Gewissens erledigen, wie etwa das Abschneiden steiler Wassertriebe im Inneren der Krone, von Wildtrieben der Veredelungsunterlage oder von Konkurrenztrieben der Leitäste. Auf diese Weise tragen Sie bereits zur Entwicklung lichter Gehölze mit natürlichem Wuchs bei, ohne zu schaden.

Ein kräftiger Rückschnitt hat einen starken Austrieb zur Folge.

Was man vorher wissen sollte

Der richtige Schnitt für jede Entwicklungsphase

Grundsätzlich unterscheidet man zwischen dem Pflanzschnitt, dem Erziehungsschnitt, dem Auslichtungs- oder Instandhaltungsschnitt und dem Verjüngungsschnitt.
Schließlich sei noch das Abwerfen alter Kronen erwähnt, das eventuell zur radikalen Verjüngung und Umveredlung alter Bäume in Frage kommt.
Mit dem **Pflanzschnitt** wird bereits die spätere Kronenform angelegt.
Er ist jedoch hauptsächlich für das Anwachsen der Jungpflanzen wichtig.
Am entscheidendsten für die zukünftige Entwicklung und den Aufbau der Obstgehölze ist der **Erziehungsschnitt** (siehe S. 32).
Fehler, die hier gemacht werden, lassen sich kaum noch korrigieren, zum Beispiel wenn bei einem Apfelbaum keine senkrechte Mittelachse (durchgehender senkrechter Mitteltrieb) gebildet wird, oder wenn vergessen wird, doppelte Gipfel zu beseitigen, so daß sich eine Gabel bildet.
Der Erziehungsschnitt ist während der ersten drei bis vier Jahre nach der Pflanzung zu erledigen, solange die Bäume noch klein und die Kronen gut erreichbar sind. Die jungen Gehölze sind außerdem besonders wüchsig und die Haupttriebe noch elastisch. Später, sobald sie verholzt und kräftig entwickelt sind, lassen sie sich nicht mehr formen. Bis dahin muß die Kronenform festgelegt und das Hauptastwerk gebildet sein.
Wenn regelmäßig vom

Der Pflanzschnitt erleichtert insbesondere Gehölzen, die lose Wurzeln haben, das Anwachsen.

ersten Jahr nach der Pflanzung an geschnitten wird, sind nur wenige Eingriffe nötig. Ein gut geformtes Astgerüst dient zur Orientierung, und die störenden Triebe sind leicht zu erkennen. So genügt es, die Kronen weiter auszubauen, den neuen Zuwachs zu ordnen und die Kronen regelmäßig auszulichten. Bei Sträuchern sind meist alte Äste direkt am Boden zu entfernen, damit wieder neue nachkommen.
Beim **Auslichtungs- oder Instandhaltungsschnitt** (siehe S. 34) werden die erzogenen Kronen nur von zu eng stehenden, nach innen wachsenden und schwachen Trieben sowie von dürrem Holz und dergleichen befreit; der Baum wird also rundum ausgelichtet und in Form gehalten.
Der Aufwand beim Obst ist je nach Art unterschiedlich. Während wüchsige Apfelbäume recht viel Zuwachs entwickeln, sich gut verzweigen und damit auch störende Triebe hervorbringen, ist bei Süßkirschen, die sich wenig verzweigen und vor allem die bestehenden Triebe verlängern, wenig störendes Holz zu beseitigen.

Bei dichten Sträuchern sollten zu viele und zu eng stehende Triebe ausgedünnt werden. Die beste Zeit dazu ist im Spätwinter.

Der Auslichtungsschnitt darf nicht vernachlässigt werden, weil sonst nur noch wenig Licht ins Innere gelangt. Dadurch verkahlen die Zweige und werden immer langstieliger. Zu dichte Sträucher sind außerdem besonders anfällig für Pilzerkrankungen, weil sie nach Regen schlecht abtrocknen, und feuchtes Klima fördert die Pilzentwicklung. Gefährdet sind zum Beispiel Sauerkirschen, die häufig von der Zweigmonilia befallen werden, oder Apfelbäume, die leichter am Mehltau erkranken, wenn sie nicht ausgelichtet werden.
Der **Verjüngungsschnitt** (siehe S. 34) ist entweder bei verwilderten oder bei alten, vergreisten Kronen nötig, sofern diese noch vital und wüchsig sind. Gehölze, die vernachläßigt wurden, haben oft ein undurchdringliches Gewirr an Zweigen entwickelt und sind weder ein schöner Anblick, noch bringen sie wertvolles Obst hervor. Die Früchte sind wegen Lichtmangels und Krankheiten oft minderwertig oder unbrauchbar.
Eine andere Möglichkeit, verwilderte Kronen zu verjüngen, ist das **Abwerfen**. Diese radikale Maßnahme sollte man sich jedoch gut überlegen, weil dabei sämtliche Zweige gestutzt werden und nur einige kurze Aststummel zum Umveredeln übrigbleiben. Das Abwerfen kommt eventuell in Frage, wenn eine Sorte keine Früchte trägt oder wenn ein älterer Sämling, der wild im Garten aufgegangen ist, veredelt werden soll. Voraussetzung ist, daß der Stamm und die alten Äste noch gesund und wüchsig sind (siehe S. 42).

Der richtige Termin zum Schneiden

Seit einigen Jahren gibt es einen Streit unter Fachleuten, ob der Winterschnitt oder der Sommerschnitt den Gehölzen besser bekommt. Das Argument, die Wundheilung vollziehe sich im Sommer zügiger, ließ sich bei Vergleichsversuchen nicht bestätigen. Die Bildung von Wundgewebe geschieht nach dem Winterschnitt wie nach dem Sommerschnitt in vergleichbarer Weise. Es hat sich sogar gezeigt, daß große Wunden nach dem Schnitt im Spätwinter am zügigsten überwallt werden. Bis sie völlig verheilen, dauert es ohnehin mehrere Jahre, selbst bei besten Bedingungen.

Nach einem Schnitt im Spätsommer oder Herbst vollzieht sich die Heilung sehr zögerlich. Dann beginnt die Saftruhe, so daß keine Korkzellen mehr produziert werden, um die Wunden zu verschließen. Die Zeit zwischen September und Dezember ist deshalb am ungünstigsten für den Gehölzschnitt.

Am besten hat sich eine Kombination zwischen Winter- und Sommerschnitt bewährt. Größere Eingriffe erledigt man hauptsächlich während der Saftruhe, also im Winter, weil die Wunden sonst bluten und die Gehölze viel Saft verlieren. Der beste Termin dafür liegt etwa zwischen Dezember und spätestens März, bevor der Saftstrom wieder anschwillt. Störende Triebe dagegen sind sofort nach der Entstehung, also im Sommer, mit dem geringsten Schaden für den Baum oder Strauch zu beseitigen. Das Ausschneiden von Wassertrieben, dürrem und schwachem Holz etwa, vertragen die Gehölze ohne Schaden. Der optimale Termin hängt jedoch auch vom Wetter und von der jeweiligen Pflanzenart ab. Schneiden Sie nur an frostfreien Tagen, sonst können die Schnittwunden splittern. Bei feuchtem Wetter sollten Sie möglichst nicht schneiden, weil dann die Gefahr der Pilzinfektion besonders groß ist. An milden, trockenen Tagen bekommt den Gehölzen der Schnitt am besten.

Im Frühsommer lassen sich störende Triebe leicht ausbrechen.

Erziehungsmaßnahmen ohne Schere

Die Wundbehandlung und andere Pflegearbeiten sind ebenso wichtig wie der Schnitt selbst. Denn davon hängt die Gesundheit der Pflanzen ab. Beispielsweise wird eine Jungpflanze nur schlecht und mit Mühe anwachsen, wenn die frischen Wurzeln immer wieder vom Wind losgerissen werden, weil sie nicht mit einem Baumpfahl gestützt wurde.

Stamm- und Rindenbehandlung

Die vorbeugende Stamm- und Rindenpflege bewahrt vor Wunden und Schädlin-

gen. Bei jungen Obstbäumen, die noch eine elastische Rinde haben, verursacht die Wintersonne häufig schlimme Rindenrisse. Sie werden deshalb am besten mit Kalkmilch oder einem speziellen Rindenschutzmittel gestrichen, um die Sonnenstrahlung abzuschirmen.
Später, wenn die Rinde holzig wird, ist kein Anstrich mehr nötig, allenfalls dann, wenn bei einem alten Stamm die lose Borke abgeschabt wurde und wieder die elastische Rinde zutage kommt. Dies ist eventuell bei einem alten Baumbestand nötig, der stark mit Schädlingen zu kämpfen hat: Unter der losen Borke nisten sich Raupen und andere Schädlinge ein, die durch das Abbürsten der Borke vernichtet werden.
Nach dem Anstrich werden noch im September/ Oktober Leimringe angelegt, um Frostspanner-Weibchen zu fangen. Im Frühjahr müssen die Leimringe wieder abgenommen werden, weil sonst auch unnötig Nützlinge gefangen werden. Im Sommer kann man durch das Anlegen von Wellpappringen Apfelwickler-Raupen fangen.

Das Pfählen erleichtert besonders Hochstämmen das Anwachsen; allerdings müssen die Bindungen straff sein.

Pfählen und Binden

Jedes Gehölz braucht einige Zeit zum Anwachsen. Es kann zwei bis drei Jahre dauern, bis sich die Wurzeln gut verankert haben. In dieser Zeit ist es wichtig, Großgehölze, also Hochstämme und große Sträucher zu pfählen, damit sie in Ruhe anwachsen können und nicht ständig wieder vom Wind losgerissen werden. Bäume auf schwachwachsender Unterlage, wie etwa Spindelbuschbäume, brauchen sogar auf Lebenszeit eine Stütze, weil sie keine Ankerwurzeln, sondern nur schwache Senkwurzeln treiben.

Gehölze mit Topf- oder Erdballen werden schräg gepfählt, das heißt, hier schlägt man den Baumpfahl schräg zum Stamm am Ballen vorbei in die Erde, um diesen nicht zu beschädigen. Der Pfahl wird dabei mit der vorherrschenden Windrichtung geschlagen, also gewöhnlich Richtung Osten, weil der Wind meistens von Westen weht. Er muß in der richtigen Neigung stehen, etwa im 45-Grad-Winkel, damit er Widerstand leistet und den Baum auch bei starkem Wind stützt. Bei großen Bäumen – vor allem, wenn sie ausgeprägte, große Kronen haben wie Nuß-

Lösen Sie die Stricke, sobald die Bäume angewachsen sind.

bäume – sind eventuell zwei Pfähle nötig, die überkreuzt geschlagen werden. So läßt sich eine Gabel bilden, worin der Stamm festsitzt.
Gehölze ohne Ballen mit losen Wurzeln werden senkrecht gepfählt. Hier wird der Pfahl nach dem Pflanzen parallel zum Stamm senkrecht in den Boden geschlagen. Dabei drückt man ihn vor dem Einschlagen vorsichtig durch das Wurzelwerk in die Erde und achtet darauf, daß keine Wurzeln beschädigt werden.
Die Pfähle dürfen beim Schlagen und auch später nicht an der Rinde scheuern. Nach dem Pfählen bindet man den Stamm am besten mit Kokosfaserschnur oder einer anderen Naturfaser am Pfahl fest, und zwar so, daß zwischen dem Stamm und dem Pfahl ein puffernder Knoten entsteht. Die Schnur muß fest sitzen, damit sich der Stamm nicht bewegen kann.
Die Stütze bleibt solange erhalten, bis das Gehölz fest verankert ist. Spätestens wenn das Dickenwachstum zunimmt und die Schnur zu straff wird oder gar in die Rinde einschnürt, muß sie gelöst und falls nötig nachgebunden werden.

Stäben und Heften

Auch nach dem Anwachsen brauchen viele Gehölze weiterhin „Entwicklungs-Hilfen". Krumme Gipfeltriebe beispielsweise kann man stäben und zu steile Seitentriebe absenken. Dazu bieten sich Tonkinstäbe (Bambusstäbe) an. Zum Heften hat sich Bast bewährt. Zunächst wird der Stab am alten, geraden Mitteltrieb befestigt. Er muß dabei den krummen Gipfel überragen. Dieser wird

Mit Bambusstäben lassen sich krumme Gipfeltriebe gerade richten; zum Heften dient Bast.

dann an den Stab gezogen und von unten nach oben mit kurzen Bastbändern festgebunden. Gleichermaßen kann man auch zu steile Seitentriebe waagrecht nach unten binden. Wichtig ist, daß die Triebe rechtzeitig korrigiert werden, solange sie noch elastisch sind. Seitentriebe kann man, statt mit Bambusstäben und Bast, auch mit Schnüren absenken oder einfach mit Stäben abspreizen. Dabei ist aber darauf zu achten, daß die Rinde nicht verletzt wird.

Eng und steil stehende Zweige können mit Hilfe von Spreizhölzchen in eine bessere Position gebracht werden.

Absenken und Abspreizen

Das Absenken oder Abspreizen trägt zur Entwicklung geordneter und lichter Kronen bei. Dabei werden die Triebe mit Hilfe von Schnüren, Spreizhölzchen oder anderen geeigneten Mitteln in Lücken gelenkt beziehungsweise waagrecht gezogen oder gedrückt, wenn dies nötig ist. Gleichzeitig kann man auf diese Weise die Entwicklung von Fruchtholz fördern, zum Beispiel bei Jungbäumen, die von selbst nur spärlich Fruchtholz ansetzen und stattdessen nur Blatttriebe hervorbringen. Die abgespreizten oder abgesenkten Triebe verzweigen sich meist auch ohne Einkürzen und entwickeln viele Fruchtspieße und Fruchtknospen.

Tragende Äste stützen

Zur Pflege und vorbeugenden Wundvermeidung gehört das Stützen tragender Äste. Vor allem in ertragreichen Jahren ist es nötig, bruchgefährdete Äste mit geeigneten Mitteln zu unterstützen. Man kann dazu Holzpfähle, Äste mit Gabeln oder andere Stützen einspreizen.
Achten Sie auch bei der Ernte auf die Zweige, und klettern Sie nur mit geeigneten Steighilfen in die Kronen. Oder benutzen Sie entsprechende Erntehilfen, um die Pflanzen zu schonen. Schneiden Sie vor allem bei der Ernte beschädigte Zweige unverzüglich aus und behandeln Sie die Wunden mit Wundsalbe!

Wunden fachgerecht behandeln

Die Gehölze können Verletzungen gewöhnlich gut verkraften, zumal sie auch durch Tiere, Stürme oder andere Naturgewalten verletzt werden können; die Wundheilung ist ein natürlicher Teil des Wachstums. Dennoch hilft es ihnen sehr, wenn sie dabei unterstützt werden, vor allem bei großen Wunden. Kleine Wunden, etwa durch das Entspitzen junger Jahrestriebe, erfordern keine besondere Behandlung. Bei Wunden an mehrjährigen Zweigen oder am Stamm jedoch ist Wundpflege wichtig, um die Austrocknung, die Fäulnis durch Niederschläge oder die Infektion durch Pilze und andere Krankheiten zu verhindern. Dazu wird eine geeignete Wundsalbe aufgetragen, die wasserabweisend, aber auch luftdurchläßig ist.
Im Handel sind verschiedene Produkte erhältlich, die entweder mit einem Pinsel oder einer Spachtel aufgetragen werden.

Das Nachschneiden rauher Sägewunden mit einem scharfen Messer fördert die Heilung.

Sägeschnitte nachbehandeln

Bei Sägewunden ist es besonders wichtig, sie nachzuschneiden, weil sie rauh und rissig sind und daher auch schlecht heilen, denn glatte Wunden heilen besser. Deshalb ist es wichtig, die Sägewunden mit einem scharfen Messer nachzuschneiden, um sie dann wiederum mit einer Wundsalbe zu verschließen.

Gehölze veredeln

Das Veredeln der Bäume geschieht in der Regel bereits in jungen Jahren. Die „edlen“ Obstsorten werden dazu auf meist schwachwüchsige, „wilde“ Wurzelunterlagen gesetzt. Auch Kugelahorne, Zierkirschen oder Goldulmen werden schon in der Baumschule auf junge Wildlinge gepfropft. Dazu zieht man jeweils verwandte

Sämlinge an, in unserem Fall von Bergahorn, Vogelkirsche oder Feldulme.
In der gewünschten Höhe wird dann der Trieb der jeweiligen Sorte auf diese Unterlagen aufgesetzt.
Zum Veredeln ist außer der Unterlage ein Edeltrieb nötig. Diese schneidet man im Winter von einer entsprechenden Sorte und lagert sie kühl und dunkel in feuchtem Sand. Im Frühjahr wird dann auf jede Unterlage ein Trieb gepfropft.

Ein Bastverband preßt die beiden Schnittflächen fest zusammen; nach dem Verstreichen mit Baumwachs beginnt die Verwachsung.

Die Veredelungspartner müssen deckungsgleiche Schnittflächen haben.

Nachdem die Rinde am Stämmchen eingeschnitten und vom Holz gelöst wurde, läßt sich das Edelreis tief einschieben.

Bei der **Kopulation** sind beide Veredelungspartner gleich dick. Sie werden gleichermaßen schräg angeschnitten. Die beiden Schnittflächen müssen exakt deckungsgleich aufeinanderliegen, sonst wachsen sie nicht zusammen. Schließlich wird die Veredelungsstelle mit Bast verbunden und mit Baumwachs verstrichen.
Etwas später im Frühjahr, wenn sich die Rinde vom Holz lösen läßt, ist die beste Zeit zum **Rindenpfropfen**. Diese Veredelungstechnik gelingt ziemlich sicher.
Anders als bei der Kopulation kann die Unterlage dicker sein als der Edeltrieb. Sie wird in der gewünschten Veredelungshöhe abgeschnitten. Dann schneidet man den Edeltrieb schräg an, ritzt die Rinde an der Unterlage ein und klappt die beiden Rindenlappen auseinander, so daß sich der Edeltrieb einschieben läßt. Nach dem Verbinden mit Bast und dem Verstreichen mit Baumwachs verbinden sich die beiden Veredelungspartner.

Das richtige Werkzeug

Der Gehölzschnitt erfordert nur wenige Werkzeuge und Hilfsmittel: Eine gute Astschere, eine Baumsäge und ein scharfes Messer sind unbedingt nötig. Eine Grundausstattung ist ohnehin in den meisten Gärten vorhanden. Gute Qualität macht sich auf Dauer bezahlt.

Die **Astschere** – es gibt Backenscheren und Amboßscheren – sollte ein auswechselbares Blatt haben. Achten Sie darauf, daß die ausgewählte Schere exakt schneidet und keine Quetschungen an den Ästen verursacht. Testen Sie beim Kauf verschiedene Typen und wählen Sie ein Modell, das gut in der Hand liegt, sonst macht das Schneiden keine Freude und kann rasche Ermüdungserscheinungen, sogar Verletzungen oder eine Erkrankung (z. B. Sehnenscheidenentzündung) zur Folge haben. Bei einem größeren Gehölzbestand lohnt sich eventuell die Anschaffung einer Rollgriff-Schere, die besonders leicht zu handhaben ist. Auch dieser Scheren-Typ sollte aber vorher getestet werden, denn manche Menschen kommen damit nicht zurecht. Einige Hersteller bieten übrigens Modelle für Linkshänder an, die meist etwas teurer sind.

Als Ergänzung zur Schere sollte man sich gleich eine **Scheide** besorgen, die sich am besten am Gürtel befestigen läßt. Dadurch hindert sie nicht beim Klettern und ist jederzeit griffbereit.

Um dicke Äste zu beseitigen, braucht man eine **Baumsäge**. Sie sollte ein verstellbares Blatt haben, damit störende Äste immer glatt am Stamm beziehungsweise an der Austriebstelle abgesägt werden können. Sägen mit starrem Blatt hinterlassen meist störende Zapfen oder Stummel. Bewährt haben sich auch

Bei Backenscheren wird mit einem gewöhnlichen Schleifstein nur die Außenseite der Klinge geschliffen. Zudem bekommen die Gelenke immer wieder etwas Öl. Eine scharfe, gepflegte Schere erleichtert das Schneiden wesentlich.

schmale zusammenklappbare Fuchsschwanzsägen. Zur Wundpflege ist ein **Messer** erforderlich, um beispielsweise Sägewunden oder gequetschte Scherenwunden nachzuschneiden. Glatte Schnittflächen heilen nämlich wesentlich besser als rauhe oder gequetschte Wunden!
Zum Schärfen der Schere braucht man einen rauhen **Schleifstein**, für das Messer einen feinen Stein und einen Lederriemen zum Abziehen der Klinge.
Für die Pflege hoher Bäume sollte eine **Leiter** zur Hand sein, die leicht und gut transportabel ist und bis in die Kronen der höchsten Bäume im Garten reicht.

Vor dem Auftragen von künstlicher Rinde ist es wichtig, daß alle Schadstellen gründlich ausgeschnitten sind; andernfalls wuchern Pilzkrankheiten unter der schützenden Schicht weiter und dringen ins gesunde Gewebe ein.

Andere Hilfsmittel

Zum Stäben krummer Gipfel und zum Abspreizen steiler Triebe eignen sich sehr gut **Tonkinstäbe** (Bambusstäbe). Ein kleines Sortiment davon sowie **Bast** zum Binden sollte immer zur Verfügung stehen. Im Fachhandel gibt es für diese Techniken auch spezielle Hilfsmittel, beispielsweise sogenannte Baumerziehungsklammern, die sehr praktisch und zuverläßig sind und weniger störend wirken als Stäbe oder Gehänge aus Steinsäckchen und dergleichen.
Für die Wundbehandlung werden verschiedene Produkte angeboten. Bestens bewährt hat sich **Künstliche Rinde**, weil sie leicht aufzutragen ist, dicht schließt und doch luftdurchläßig ist. Wegen der natürlichen Farbe (olivgrün) wirkt sie auch recht unauffällig. Für den **Stammanstrich**, der gewöhnlich mit dem Winterschnitt angebracht wird, bietet sich Kalkmilch oder ein handelsüblicher Weißanstrich für Obstbäume an. Falls nötig, muß bei alten Bäumen vorher die lose Borke abgelöst werden. Dazu eignet sich eine Stahlbürste, die gewöhnlich in jedem Haushalt vorhanden ist.
Zum Pfählen und Stützen der jungen Bäume brauchen Sie **Baumpfähle** und einen **Kokosstrick**. Die Pfähle können Sie zum Beispiel aus Fichtenholz selbst herstellen oder gemeinsam mit dem Kokosstrick in einer Baumschule oder einem Gartenmarkt beziehen.

Grundlagen der Erziehung und Instandhaltung

Was der Schnitt bewirkt

Bei Windbruch, bei Fraßschäden durch Tiere und bei anderen Verletzungen bringen die Gehölze neue Triebe hervor, um den Verlust auszugleichen.
Je nach Stärke der Verletzung treiben sie schwach oder kräftig. Auch der Schnitt ist eine Verletzung und hat einen mehr oder weniger starken Austrieb zur Folge, je nachdem, ob viel oder wenig weggeschnitten wird. Deshalb ist es grundsätzlich am besten, möglichst wenig wegzuschneiden, um die Pflanzen nicht unnötig zum Treiben anzuregen. Allerdings kann der gezielte Austrieb wünschenswert sein, so etwa, wenn die Krone eine Lücke hat und durch den gezielten Schnitt ein Zweig in diese Lücke gelenkt wird; in diesem Fall wird durch das Einkürzen eines nebenstehenden Zweiges auf eine Knospe, die in diese Lücke weist, ein erwünschter Austrieb erzielt. Wenn Sie nämlich einen Trieb knapp über einer Knospe abschneiden, so treibt aus dieser Knospe die Verlängerung – ein neuer Trieb, der natürlich nicht völlig gerade aufrecht wächst, sondern ein wenig vom ursprünglichen Trieb abweicht.
Hinter diesen Vorgängen steckt ein für den Obstbaumschnitt wichtiges Gesetz. Es ist das Gesetz von der Spitzenförderung, das besagt:

Hier ist deutlich der junge Austrieb aus einer Knospe zu sehen; im Winter wurde knapp darüber abgeschnitten.

Die am höchsten stehende Knospe treibt am kräftigsten aus.

Das gilt sowohl für den Mitteltrieb als auch für die Seitentriebe. Die höchste Knospe am mittleren Leittrieb (Gipfeltrieb) bringt also immer den stärksten Austrieb hervor. Die darunter sitzenden Knospen treiben weniger stark, genauso wie bei jedem Seitentrieb, bei dem in der Regel die Endknospe am höchsten steht. Bei überhängenden Zweigen treibt die Knospe am stärksten aus, die an der höchsten Stelle des gebogenen Zweiges steht.
Der Schnitt hat ebenso eine stärkere Verzweigung zur Folge. Sehr langstielige Triebe können durch das Einkürzen oder Entspitzen zur Verzweigung angeregt werden. Denn gewöhnlich bringt nicht nur die oberste Knospe unterhalb der Schnittstelle einen neuen Trieb hervor, sondern auch die

nachfolgenden Knospen treiben aus – allerdings mit nach unten abnehmender Triebkraft. Unerwünscht ist dies lediglich bei Spalierbäumen, die streng gezogen werden. Bei der Erziehung von Jungbäumen dagegen wird dies gezielt für die Kronenbildung genutzt.
Besonders offensichtlich wird die Schnittwirkung beim Abwerfen alter Baumkronen. Dabei schneidet man die alten Äste bis auf kurze Stummel zurück. Im Jahr danach bringen diese Stummel oft meterlange Jungtriebe hervor – je nachdem, wie stark die alten Äste eingekürzt wurden. Hier wird ein zweites Gesetz offensichtlich: Dies ist wohl ein entscheidendes Gesetz für alle Schneidearbeiten an Gehölzen.

Je stärker der Rückschnitt, umso kräftiger der Austrieb.

Ein starker Rückschnitt hat einen kräftigen Austrieb zur Folge.

Der Schnitt richtet sich immer danach, was bewirkt werden soll. Behandeln Sie jeden Baum individuell.

Die wichtigsten Regeln für den Schnitt

Die nachfolgend erläuterten Schnittregeln dienen auf jeden Fall zum Nutzen des Baumes. Handeln Sie danach, dann nimmt der Baum keinen Schaden.

Triebe entfernen, die den Kronenaufbau stören

Alles **dürre und kranke** Holz wird beseitigt beziehungsweise bis ins gesunde Holz zurückgeschnitten, damit sich keine Krankheiten ausbreiten können. Zugleich können alle schwachen, alle nach innen in die Krone wachsenden Triebe sowie die Wassertriebe entfernt werden. Wassertriebe sind am mastigen und senkrechten Wuchs erkennbar. Sie verbrauchen Kräfte und Nährstoffe und tragen selbst keine Früchte, weil sie nur Blattknospen haben. Eventuell kann man einige davon für den Kronenaufbau nutzen, indem man sie durch Abspreizen in Lücken lenkt. Weiterhin ist es wichtig, umgehend alle **Wildtriebe** aus der Veredelungsunterlage zu entfernen. Obstbäume sind entweder am Boden veredelt (okuliert) oder am Stamm in 60, 120 oder 180 cm Höhe. Die Veredelungsstelle ist jeweils an einer Verdickung erkennbar. Alle Triebe, die unterhalb dieser Stelle aus dem Stamm oder aus dem Wurzelraum treiben, sind Wildtriebe und müssen weggeschnitten werden, weil sie die „edle" Krone Kraft kosten und sonst bald überwuchern würden.
Nach dem Ausschneiden aller dürren und stören-

Krankes und dürres Holz ist anfällig für Pilzinfektionen. Es sollte entfernt oder bis ins gesunde Holz zurückgeschnitten werden.

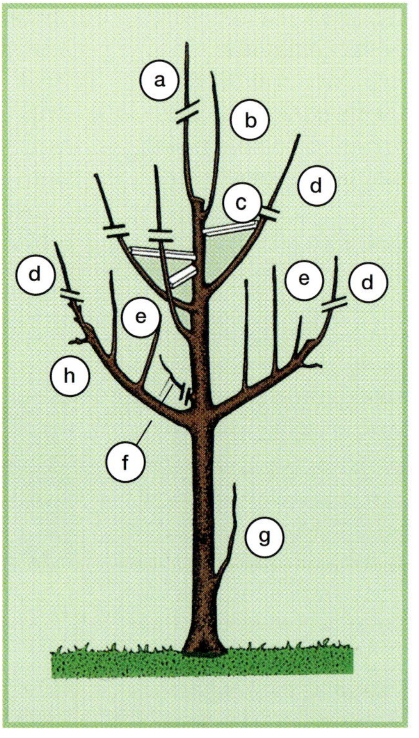

a) Gipfeltrieb einkürzen b) Konkurrenztrieb entfernen c) Steile Triebe abspreizen d) Triebverlängerung einkürzen e) steile Wassertriebe entfernen f) schwache und kranke Triebe ausschneiden g) Wildtriebe beseitigen.

den Triebe ist der Blick auf das Astgerüst frei. Jetzt kann man sich in etwa ein Bild vom Baum machen und davon, was erhalten bleiben kann und was weggeschnitten werden muß.

Gabeln verhindern und beseitigen

Die meisten Obstbäume entwickeln einen dominanten Mitteltrieb, die sogenannte Mittelleitachse; deshalb ist auch grundsätzlich die Erziehung mit einem aufrechten, durchgehenden Mitteltrieb empfehlenswert. Häufig treiben aber aus Seitenknospen kräftige, steile Konkurrenztriebe zum Mittelleittrieb. Diese sind störend und müssen entfernt werden (oder abgespreizt, wenn sie als Seitentriebe brauchbar sind), weil sich sonst Gabeln bilden. In diesen Gabeln bleibt oft Regenwasser stehen, und das führt zur Fäulnis und später häufig auch zum Bruch eines dieser Gabeltriebe.

Die Gabel ist von Anfang an zu verhindern, wenn die Triebe noch jung und leicht zu beseitigen sind. Aber auch bei vernachlässigten, dicken Ästen ist es noch empfehlenswert, Gabeln zu behandeln und jeweils den schwächeren Ast unmittelbar an der Austriebstelle wegzuschneiden, selbst wenn dies eine Lücke in der Krone zur Folge hat.

Schnitt auf Augen

Bei jungen Trieben, die erhalten bleiben und eingekürzt werden, sind die Augen (Knospen) Anhaltspunkte für den Schnitt. Und zwar schneidet man jeweils knapp über einer Knospe ab. Dabei darf

Der Schnitt knapp über einer Knospe hat einen Austrieb zur Folge. Setzen Sie die Schere so an, daß die Knospe nicht gequetscht wird.

Steile Astgabeln brechen später leicht aus; das läßt sich verhindern, indem bei solchen Gabeln rechtzeitig der schwächere Trieb entfernt wird.

kein Zapfen stehen bleiben. Ausnahme: Bei Weinreben bleibt ein kurzer Zapfen erhalten, damit die empfindliche Knospe nicht austrocknet. Und bei Beerensträuchern, vor allem bei Johannisbeeren und Stachelbeeren, weil dort die oberste Knospe an der Schnittstelle meist ohnehin austrocknet, auch wenn ein Zapfen stehen bleibt.

Wichtig ist auch, daß die Knospe nicht gequetscht oder anderweitig verletzt wird. Dazu muß die Schere richtig angesetzt werden, also mit der Klinge zur Knospe weisen.

Durch den Schnitt jeweils über einem Außenauge (Knospe, die nach außen gerichtet ist) entwickeln sich nach außen wachsende Zweige. Dadurch bilden sich lichte Kronen.

Ablenken auf Seitenzweige

Nur selten ist es nötig, einen Ast oder Zweig ganz zu entfernen. Oft genügt es, ihn auf einen Seitenzweig abzulenken, das heißt, bis zu einer Verzweigung zurückzuschneiden. Dabei ist es wichtig, unmittelbar am Seitenzweig abzuschneiden und keinen Zapfen stehenzulassen. Die Schnittstelle soll schräg mit dem Seitentrieb verlaufen. Man setzt dazu die Schere parallel zum Seitenzweig an. Dadurch fließt der Saftstrom direkt an der Schnittwunde vorbei in den Seitentrieb, so daß die Wunde durch die mittransportierten Korkzellen zügig heilt. Durch den gezielten Schnitt auf Augen (Knospen) oder Seitenzweige kann man also einen Trieb in eine beliebige Richtung lenken und damit auch ein Gehölz formen. Beim naturnahen Schnitt hat diese Eigenschaft große Bedeutung für die Erziehung lichter, offener Kronen. Denn Gehölze, die sehr steil aufrecht wachsen und dichte Kronen entwickeln, werden durch das Ablenken auf Außenaugen breiter und nach oben offener. Dadurch kann mehr Licht in die Krone, und dies ist unter anderem für eine reichhaltige Nährstoffversorgung (Assimilation) wichtig.

Schnitt auf Astring

Der Gärtner sollte sich zum Grundsatz machen, keine Zapfen stehen zu lassen. Entweder man lenkt die Triebe auf Augen beziehungsweise Seitentriebe ab, oder man schneidet die Zweige jeweils glatt an der Austriebsstelle weg, am sogenannten Astring. Der Astring ist beim Schnitt eine entscheidende und beachtenswerte Stelle. Je nach Gehölzart kann man ihn mehr oder weniger deutlich an einer Wulst erkennen. Dieses Gewebe umgibt jeden

Schneiden Sie störende Zweige glatt am Astring ab. Das ist eine dicke Wulst, die bei vielen Gehölzarten den Zweig umgibt.

Peitschentriebe bei Sauerkirschen.

Ast, Zweig oder Trieb direkt an der Austriebstelle. Es besteht aus teilungsfähigen Zellen, die sich rasch vermehren, wenn der Zweig dort abbricht oder bewußt abgeschnitten wird. Ein Bruch oder ein Schnitt heilt an dieser Stelle deshalb schneller als anderswo, weil das Wundgewebe die Verletzung zügig überwallt.

Man unterstützt die Pflanze sehr, wenn alle störenden Äste, Zweige und Triebe sorgsam am Astring weggeschnitten werden, weil sie rascher heilt. Der Astring darf dabei nicht mit der Schere gequetscht oder anderweitig beschädigt werden. Das läßt sich aber einfach vermeiden, indem die Schere richtig angesetzt wird. Und zwar so, daß die Klinge am Astring anliegt und der Scherenbacken auf der Außenseite bleibt. Anders kommt es unweigerlich zu Quetschungen.

Amboßscheren sind für den Schnitt auf Astring übrigens weniger geeignet, weil der Amboß (also die Gegenseite zum Scherenblatt) stört und häufig Quetschungen verursacht.

Dicke Äste richtig abschneiden

Wenn ein dicker Ast weggeschnitten werden muß, empfiehlt es sich, zunächst alle kräftigen Seitenzweige dieses Astes abzuschneiden und aus der Krone zu ziehen. Dann erst wird der Ast stückweise abgeschnitten, bis nur noch ein Zapfen steht. Dieser kann schließlich glatt am Stamm abgetrennt werden. Auf diese Weise läßt sich das Ausbrechen des Astes an der Austriebstelle vermeiden. Nicht allzu schwere Äste können eventuell auch in einem Stück entfernt werden, indem man sie an der Austriebstelle zunächst

Dickere Äste verursachen keine Rindenschäden, wenn sie zunächst von unten eingeschnitten werden.

mehr als zur Hälfte von unten einschneidet und dann von oben durchtrennt.

Alte Zapfen abschneiden

Beim Schnitt der Gehölze ist auch auf alte Zapfen zu achten, die eventuell in früheren Jahren durch willkürliches Abschneiden der Äste entstanden sind und die nun eingetrocknet und dürr am Stamm oder an Seitenzweigen stehen. Sie sollten nachträglich jeweils am Astring abgeschnitten werden.

Der Pflanzschnitt

Nachdem die richtigen Gehölze besorgt und an den geeigneten Plätzen verteilt sind, erhalten sie je nach Typ zunächst den Pflanzschnitt. Dabei unterscheidet man zwischen Gehölzen mit und ohne Ballen: Gehölze mit Erdballen, entweder im Jutetuch oder im Topf, brauchen keinen besonderen Pflanzschnitt, weil die Wurzeln voll funktionsfähig sind. Immergrüne Laubgehölze und Nadelgehölze werden übrigens grundsätzlich nur mit Ballen angeboten oder umgepflanzt.

Am Wurzelwerk werden nur zu lange oder beschädigte Wurzeln beschnitten.

Gut anwachsen sollen auch Bäume und Sträucher ohne Ballen, die also lose Wurzeln haben. Das schaffen sie leichter, wenn sie kräftig zurückgeschnitten werden. Denn in der Regel wird das Wurzelwerk beim Ausgraben vermindert und beschädigt und wird kaum mit der Versorgung der kompletten Triebsubstanz fertig. Grundsätzlich genügt es, alle Triebe etwa um die Hälfte einzukürzen.

Das Wurzelwerk sollte so gut wie möglich erhalten bleiben. Es ist nur nötig, zu lange, nach oben gebogene und abgebrochene Wurzeln einzukürzen, sowie ausgefranste Spitzen glatt abzuschneiden. Sowohl bei Gehölzen mit losen Wurzeln als auch bei Ballenpflanzen ist es gleichermaßen wichtig, unbrauchbare und störende Triebe zu entfernen, so etwa schwache, überhängende und steile Triebe. Insbesondere ist der sogenannte Afterleittrieb zu entfernen. Das ist ein

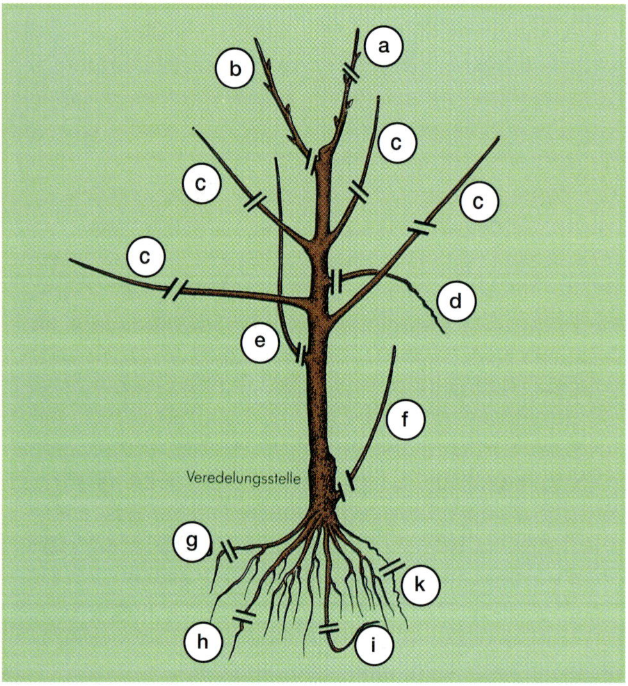

a) Gipfeltrieb einkürzen
b) Konkurrenztrieb entfernen
c) Brauchbare Seitentriebe einkürzen
d/e/f) unbrauchbare Seitentriebe und Wildtriebe entfernen
g/k/h/i) Beschädigte und zu lange Wurzeln einkürzen

Trieb, der meist sehr kräftig ist, unmittelbar unterhalb des Mittelleittriebs steht und eine Konkurrenz zu jenem darstellt. Der Afterleittrieb wird glatt am Stamm, das heißt direkt an der Austriebstelle am Astring weggeschnitten.

Die Stammhöhe wurde bereits mit dem Kauf der Pflanze bestimmt. Beim Hochstamm beträgt sie etwa 180 cm, beim Halbstamm 120 cm und beim Buschbaum 60 cm.

Der Mitteltrieb sollte möglichst gerade nach oben wachsen. Man schneidet ihn daher bei schrägem Wuchs an einer Knospe ab, die wieder zur Mitte hin weist und so eine gerade Stammverlängerung hervorbringt.

Schließlich müssen noch alle Wildtriebe aus der Veredelungsunterlage entfernt werden.

Die Formgebung

In der Regel sollte jedes **Bäumchen** nach dem Pflanzschnitt einen geraden Mitteltrieb und drei oder vier nicht zu steil abstehende, gleichmäßig verteilte Seitentriebe besitzen, die sich dem Mitteltrieb unterordnen. Diese pyramidale Krone wäre das ideale Gerüst für den weiteren Aufbau in den nächsten Jahren der Erziehungsphase.

Als **Spaliergehölz** eignen sich nur schwachwüchsige Züchtungen, die sich leicht formieren lassen. Starkwüchsige Obstbäume, die beispielsweise auf Sämlinge veredelt sind, treiben viel zu stark und eignen sich allenfalls für formlose Spaliere an hohen Wänden.

Es kommen in Frage: ein Apfelspindelbusch, ein Birnbaum auf Quitte veredelt, eine Sauerkirsche, eine Aprikose, ein Pfirsich oder eine Weinrebe.

Die ausgewählte Jungpflanze wird entweder nur entspitzt, wenn sie eintriebig ist, oder wenn sie bereits verzweigt ist nach dem Pflanzen „auf einen Trieb gesetzt". Man läßt dabei den kräftigsten Trieb stehen und schneidet alle anderen weg. Anschließend wird er eingekürzt, und zwar so, daß die obersten Knospen etwa in Höhe der untersten Querstrebe des Spaliers stehen. Durch den Schnitt angeregt, treiben diese Knospen bald aus.

Der Stamm läßt sich „aufputzen". Entfernen Sie dazu alle Seitentriebe bis zur gewünschten Höhe.

Beim Schnitt der **Sträucher** ist die Formgebung weniger wichtig. Vielmehr geht es darum, von Anfang an lichte Büsche zu erziehen. Dazu schneidet man schon beim Pflanzschnitt alle schwachen und zu eng stehenden Triebe weg, so daß einige kräftige Triebe übrigbleiben, aus denen sich ein gesunder, üppiger Strauch entwickeln kann. Bei Sträuchern ohne Ballen werden die Triebe dann noch etwa um die Hälfte eingekürzt. Das erleichtert das Anwachsen. Weiterhin sind zu lange und beschädigte Wurzeln zu beschneiden.

Der Erziehungsschnitt

Beim Pflanzschnitt wurden die Stammhöhe und die Kronenform bereits festgelegt. Der Erziehungsschnitt ist die Fortführung des Pflanzschnitts. Allerdings sind auch manchmal Änderungen nötig und möglich.
Zunächst ist es wichtig, daß jedes Stämmchen gerade steht. Wenn beim Pflanzen nicht gepfählt wurde und ein Stämmchen schief steht, muß nachträglich gepfählt werden (siehe S. 17). Die Jungpflanze kann dann in Ruhe festwurzeln und einen kräftigen, geraden Stamm entwickeln.
Nach etwa zwei bis drei Jahren hat sie sich in der Regel gut verankert, und die Stütze kann entfernt werden.
Nur Buschbäumchen, die auf sehr schwach-wachsende Unterlagen veredelt sind, brauchen auf Lebenszeit einen Pfahl, weil sie nur wenige schwache Wurzeln entwickeln.
Nun können beim Pflanzschnitt vergessene oder seither neu gebildete Wildtriebe aus der Veredelungsunterlage entfernt werden.

Das Einkürzen der Triebverlängerungen hat eine bessere Verzweigung zur Folge.

Nach dem Entfernen unbrauchbarer Triebe und dem Einkürzen ausgewählter Triebe ist das Grundgerüst der künftigen Krone festgelegt.

Dann geht es in die Krone. Hier haben sich infolge des starken Rückschnitts beim Pflanzen viele Triebe gebildet (vorausgesetzt, der Baum ist richtig angewachsen). Die Krone muß deshalb geordnet werden, das heißt, der Mittelleittrieb und die erhaltenswerten Seitentriebe sind freizustellen. Dazu entfernt man alle störenden Triebe und läßt diejenigen stehen, die für den Aufbau der Krone zu gebrauchen sind. Bevor Sie aber zur Schere greifen, sollten Sie die Krone begutachten und gezielt auswählen und festlegen, welche Triebe gebraucht

und erhalten werden und welche stören und zu entfernen sind.
Beginnen Sie schon im ersten Jahr nach der Pflanzung mit der Erziehung, und schneiden Sie die darauffolgenden Jahre regelmäßig. Versäumnisse und Fehler bei der Erziehung der Kronen lassen sich später kaum noch gut machen, weil beispielsweise krumme Gipfeltriebe verholzen und dann kaum noch korrigierbar sind. Oder weil störende Zweige, die man nicht rechtzeitig entfernt, ständig dicker werden. Sie lassen sich nachträglich nur mühsam und zum Nachteil der Bäume wegschneiden.

Hochstämmchen ziehen

Aus strauchartigen Gehölzen lassen sich recht einfach die beliebten Hochstämmchen bilden. Besonders Kübelpflanzen wie Fuchsien, Strauchmargeriten, Pelargonien, Wandelröschen oder Bleiwurz werden gerne in diese Form gebracht. Man kann aber auch viele Sträucher benutzen, beispielsweise Johannis- und Stachelbeeren, Flieder, Forsythie oder auch Rosen. Man wählt dazu einen möglichst kräftigen und geraden Trieb und schneidet alle Seitentriebe weg. Nachdem ihm die ganze Kraft aus den Wurzeln zukommt, entwickelt sich dieser Trieb besonders gut. Zur Unterstützung des senkrechten Wachstums erhält er bei Bedarf einen Stab. Die Seitentriebe, die immer wieder austreiben, sind möglichst umgehend zu beseitigen, bis der Haupttrieb in der gewünschten Höhe zu einem kräftigen Stämmchen herangewachsen ist. Ab da können die Seitentriebe erhalten bleiben, damit eine Krone entsteht. Wenn man jetzt den Mitteltrieb einkürzt, entwickeln sich aus den darunterliegenden Knospen Triebe, die sich zur Kronenbildung anbieten. Deren Verzweigung läßt sich ebenfalls wieder durch Einkürzen fördern. Das Bäumchen braucht keine besondere Pflege. Lediglich bodennahe Seitentriebe beziehungsweise Triebe aus dem Wurzelstock müssen immer wieder beseitigt werden.
Ein Sonderfall sind die Hochstämmchen von Rosen: Hier muß man eine Wildrose als Stämmchen hochziehen. Sobald dieses kräftig genug ist, wird in der gewünschten Kronenhöhe die Edelsorte aufokuliert: Man setzt zwei Augen der Edelsorte ein.

Sträucher lassen sich auch zu kleinen Bäumchen umerziehen.

Auslichten und Instandhalten

Etwa drei bis fünf Jahre nach dem Pflanzen (bei Buschbäumen früher, bei Hochstämmen später) ist die Kronenform festgelegt und die Erziehung nahezu abgeschlossen, obwohl die Entwicklung des Baumes noch weiter geht. Jetzt sind jedoch nur noch wenige kleine Eingriffe nötig. In erster Linie kommt es darauf an, die erzogene Kronenform zu bewahren und das Geäst licht zu halten. Dazu müssen alle störenden Triebe regelmäßig beim Winterschnitt entfernt werden. Bei Obstgehölzen wird dadurch auch die Vitalität gefördert. Gleichzeitig achtet man darauf, das Fruchtholz zu bewahren und dessen Entwicklung zu fördern.
Bei einer gut erzogenen Krone macht das Auslichten keine Mühe, weil ja das in den Jahren vorher erzogene Kronengerüst zur Orientierung dient. Daran muß gewöhnlich nichts geändert werden. Nur der Neuzuwachs der vergangenen Saison ist zu behandeln.

Auch hier gilt die Regel vom Verhältnis des Rückschnitts zum Neuzuwachs: „Je stärker der Schnitt, umso kräftiger der Austrieb". Man könnte sie hier um den Zusatz erweitern: „Und umso geringer der Ertrag". Greifen Sie deshalb maßvoll ein und schneiden Sie nur soviel wie nötig, um die Bäume nicht übertrieben zu starkem Wuchs anzuregen, der schließlich auf Kosten der Früchte geht.

Der Verjüngungsschnitt

Wie der Name andeutet, wird der Verjüngungsschnitt bei alten Pflanzen angewandt. Wenn nach Jahren der Ertrag und die Wüchsigkeit nachlassen, kann dadurch der Austrieb junger Triebe und die Entwicklung von neuem Fruchtholz angeregt werden.
Der Verjüngungsschnitt ist auch bei verwilderten Kronen nötig, die jahrelang vernachläßigt wurden und dadurch ein unübersichtliches Zweiggewirr getrieben haben. Für diese Bäume ist es oft die „letzte Rettung".

Beim Verjüngen wird meist sehr stark in die bestehende Krone eingegriffen, mitunter werden auch dicke Äste entfernt. Um den Schaden für das Gehölz möglichst gering zu halten und einen enormen Saftverlust zu vermeiden, darf nur im Winter verjüngt werden. Bei manchen Gehölzen kommt der Saftstrom schon im Spätwinter in Wallung (z. B. bei Weinreben). Hier muß die Verjüngung etwa im Februar abgeschlossen

Im Winter ist das Astwerk der Krone gut erkennbar; dann ist die beste Zeit zum Auslichten.

sein, sonst bluten die Wunden stark, was den Pflanzen natürlich schadet. Gewöhnlich sind auch mehrere Jahre erforderlich, weil der nötige starke Eingriff zu kräftigem Austrieb anregt, der nur durch mehrmaliges Schneiden in den Jahren danach zu bewältigen ist. Auch wenn ein alter Baum durch den starken Schnitt zu sehr geschwächt würde, ist es empfehlenswert, die Verjüngung auf mehrere Jahre zu verteilen. Manchmal lohnt sich die Verjüngung nicht mehr, weil die Gehölze völlig vergreist und teilweise dürr oder krank sind. Wenn sie eine Ansteckungsgefahr für andere Gehölze darstellen, sollten sie lieber gefällt werden. Auch wenn ein alter Baum durch den starken Schnitt zu sehr geschwächt würde, ist es empfehlenswert, die Verjüngung auf mehrere Jahre zu verteilen.

Frostschäden ausschneiden

Nußbäume, Zedern und andere Gehölze, die nicht völlig winterhart sind, werden bei strengem Frost immer wieder stark angegriffen. Abhilfe schafft dann nur ein starker Rückschnitt bis ins gesunde Holz, der am besten erst im Frühjahr geschieht, wenn das Ausmaß der Frostschäden deutlich erkennbar ist. Vitale Gehölze erneuern die verlorene Substanz schon in wenigen Jahren wieder. Sie brauchen allerdings bei der Verjüngung Unterstützung, damit sich wieder ein schönes Geäst entwickelt.

Stammhöhe nachträglich ändern

Die Höhe des Stammes beziehungsweise der untersten Seitentriebetage wird bereits beim Pflanzschnitt festgelegt und bleibt normalerweise lebenslang erhalten.
Es kann jedoch manchmal nötig sein, die Stammhöhe nachträglich zu ändern, um etwa einen Buschbaum in einen Halbstamm umzuwandeln, weil darunter eine Sitzgruppe entstehen soll. Dann ist es nötig die untersten Seitentriebe bis zur gewünschten Stammhöhe zu entfernen. Bei alten Bäumen ist dies ein schwerer Eingriff, weil die untersten Seitentriebe ja die ältesten sind und je nach Art und Alter einen Umfang von 30 cm und mehr haben können. Die Bäume vertragen aber den Eingriff, wenn in der Saftruhe geschnitten wird und die Wunden richtig nachbehandelt werden. Vor allem ist es dabei wichtig, „auf Astring zu schneiden", die Äste also direkt am Stamm zu entfernen. Stummel dürfen nicht stehenbleiben.

Junge Buschbäume lassen sich noch gut zu Hochstämmen umerziehen.

Der Schnitt der Obstbäume

Die Apfelsorte 'Goldparmäne' ist in verschiedenen Kronenformen zu bekommen.

Spätestens beim Erziehungsschnitt sind die Unterschiede zwischen den Obstarten zu berücksichtigen. Während Apfelbäume von Natur aus ziemlich waagrecht ausladende Seitentriebe entwickeln, bringen die Süßkirschen schräg abstehende und die Birnbäume steil aufrecht strebende Triebe hervor. Die Sauerkirschen wachsen in der Jugend zunächst aufrecht, später neigen sie jedoch zu überhängendem Wuchs.
Es gibt sogar noch innerhalb jeder Obstart Sortenunterschiede. Einige Apfelsorten beispielsweise wachsen steil aufrecht, andere breit aufrecht oder gar überhängend. Sorten, die früh, reich und regelmäßig tragen, müssen stärker ausgelichtet werden als wüchsige Sorten, weil sie sonst bald vergreisen, das heißt, sie verbrauchen sich und altern schnell. Insbesondere gilt das für kleinbleibende Bäume, die auf schwachwachsende Unterlagen veredelt sind. Durch das Auslichten wird der Austrieb von jungem Holz angeregt. Weitere Eigenheiten sind bei den einzelnen Obstarten beschrieben. Jedenfalls sollte jeder Obstbaum naturnah erzogen werden, das heißt, der für ihn typische Charakter sollte erhalten bleiben. Bei Pfirsich- und Süßkirschenbäumen kann die Erziehung einer Hohlkrone, also ohne durchgehenden Mitteltrieb, in Frage kommen. Lediglich bei Spalierbäumen dient nicht der natürliche Wuchs zur Orientierung, sondern eben das Spalier, an welches die Bäume angepaßt werden. Das gilt auch für die Kletterpflanzen unter den Obstgehölzen.

Erziehung einer pyramidalen Krone

Durch das Einkürzen werden die Leitäste auch zum Dickenwachstum und zur Verzweigung angeregt. Das heißt, sie werden in der Saison nach dem Pflanzschnitt kräftiger und bringen Seitentriebe hervor. Falls nötig, müssen nun noch steile Seitentriebe abgespreizt und ein krummer Mitteltrieb gestäbt werden.

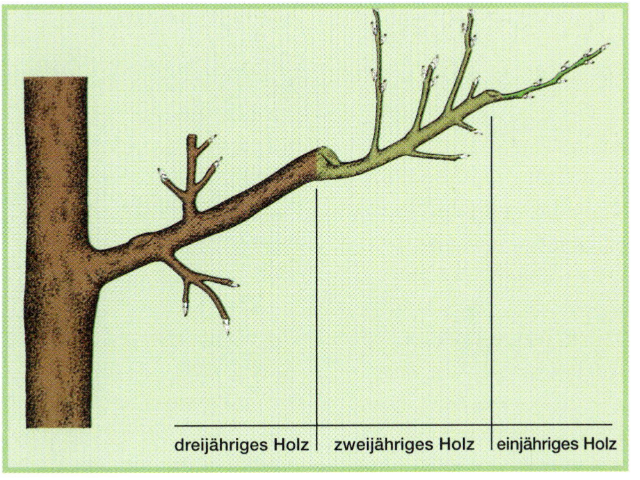

Ein konsequenter Schnitt in den ersten Erziehungsjahren trägt zur einer optimalen Kronenerziehung bei.

Nußbäume entwickeln lichte Kronen mit durchgehendem Mittelleittrieb – störende Zweige sind zu entfernen.

Der Mitteltrieb wird weiter nach oben verlängert. Dazu dient in der Regel ein möglichst kräftiger, senkrechter Jungtrieb, der sich aus der obersten Knospe entwickelt hat. Wenn er nicht gerade und aufrecht wächst, wird er an einen Bambusstab geheftet. Um die Seitenverzweigung des Mitteltriebes im nächsten Jahr anzuregen, wird er entspitzt.

Dabei kürzt man ihn so über einer Knospe ein, daß daraus wieder eine gerade Stammverlängerung hervorgeht. Wenn er beispielsweise etwas schräg nach rechts absteht, schneidet man ihn über einer linken Knospe ab; der Trieb daraus entwickelt sich gewöhnlich leicht links nach oben und gleicht die Abweichung wieder aus.

Der behandelte Mitteltrieb dient nun zur Orientierung für den weiteren Erziehungsschnitt des Bäumchens. Er muß nämlich über den Seitentrieben stehen, damit sich eine pyramidale Krone bilden läßt. Unterhalb des Mitteltriebes haben sich einige Jungtriebe entwickelt, die mehr oder weniger steil aufrecht stehen. Aus diesen Trieben wird nun eine zweite Seitentriebetage

gebildet (etwa 30 bis 50 cm über den ersten drei bis vier Seitentrieben).
Die jungen, noch elastischen Triebe werden abgespreizt oder abgesenkt und dann auf Außenaugen abgelenkt, also jeweils über einer nach außen weisenden Knospe abgeschnitten. Achten Sie hierbei darauf, daß alle Triebe etwa gleich lang sind und ihre Enden etwa in der selben Höhe liegen. Man sagt, die Triebe sollen „in der Saftwaage stehen". Höherstehende Triebe werden nämlich besser vom Saftstrom versorgt als tiefer stehende. Außerdem sollten sie gleichmäßig rund um den Mitteltrieb angeordnet sein, damit sich eine schöne gleichmäßige Krone entwickelt.
Nachdem der Mitteltrieb behandelt und die zweite Seitentriebetage gebildet ist, wird die untere Seitentriebetage behandelt. Die drei oder vier beim Pflanzschnitt erhaltenen seitlichen Leitäste haben sich gekräftigt und verzweigt. Insbesonders aus den Endknospen sind kräftige Triebe entsprungen, die jetzt für die Verlängerung der Seitenzweige genutzt und dazu abgespreizt oder auf Außenaugen abgelenkt werden, damit sie wiederum nach außen wachsende Jungtriebe hervorbringen.
Auf diese Weise erzielt man eine mehr oder weniger weit ausgebreitete Krone.
Die seitlichen Leitäste sollten gleichermaßen gut mit Seitentrieben garniert sein. Nur diejenigen bleiben erhalten, die nach außen wachsen und zur Entwicklung der Krone beitragen. Zu eng stehende und sich gegenseitig behindernde sowie steile, schwache, überhängende und nach innen wachsende Triebe werden entfernt oder auf Außenaugen abgelenkt. Zum Teil haben sich auch schon Fruchttriebe gebildet, die an besonders dicken Knospen erkennbar sind und die natürlich erhalten bleiben.
Nun ist der erste Erziehungsschnitt erledigt, und die ausgelichtete, geordnete Krone kann sich weiter entwickeln.
In den nächsten zwei bis drei Jahren wird der Erziehungsschnitt gleichermaßen fortgeführt (siehe auch Instandhaltungsschnitt).

Spalier-erziehung

Bei Weinreben und anderen Kletterpflanzen spielt es keine Rolle, ob sie auf Bäumen ranken oder im Garten am Spalier gezogen werden. Am Spalier werden sie lediglich etwas ordentlicher gezogen sowie mehr oder weniger stark geschnitten. Spalierbäume hingegen werden durch den Schnitt streng erzogen und in Form gehalten.
Der Trieb aus der obersten Knospe wird senkrecht am Spalier befestigt, zwei weitere Triebe aus den darunter sitzenden Knospen heftet man jeweils waagrecht nach links und rechts. Die drei Triebe wer-

Ein Pfirsichspalier.

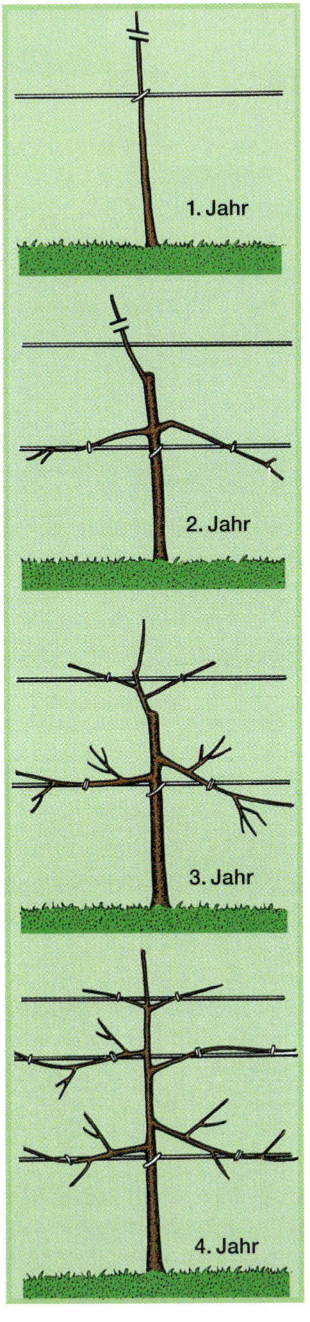

den schließlich entspitzt und so zur Verzweigung angeregt. Außerdem sind aus der Reihe wachsende, also vom Spalier weg weisende Triebe zu entfernen. Im folgenden Jahr entwickelt sich am Mitteltrieb wiederum ein kräftiger, senkrechter Trieb aus der obersten Knospe. Außerdem entspringen weitere Triebe aus den darunter sitzenden Knospen. Den obersten Trieb bindet man wieder senkrecht fest, die Triebe aus den darunter sitzenden Knospen heftet man links und rechts an die nächsthöhere Querstrebe des Spaliers. Die neuen Austriebe aus den Endknospen der ersten Etage heftet man ebenso weiter an.

Die beschriebene Spalierform heißt Palmette. Sie eignet sich auch zur Anlage und Erziehung von Obsthecken. Auf diese Weise wird das Spalierobst von Jahr zu Jahr nach oben und zu den Seiten erweitert. Je nach Obstart bildet sich nach etwa zwei bis drei Jahren an den waagrechten Trieben Fruchtholz, das beim Kern- und Steinobst erhalten bleibt und nicht geschnitten wird – anders als beim Weinstock. Dessen Fruchttriebe werden im Spätwinter auf Stummel mit jeweils drei bis sieben Knospen zurückgeschnitten.

Die ersten Jahre sind für die Spaliererziehung maßgebend.

Beim Fächerspalier fördert man die Entwicklung mehrerer Hauptleittriebe und ordnet diese fächerförmig am Spalier an. Dazu werden sie gleichmäßig in verschiedene Richtungen gelenkt und entsprechend angeheftet. Die Leittriebe sind auch hier jährlich einzukürzen, mit den kräftigen Neuaustrieben wird das Spalier jährlich erweitert. Beim sogenannten Schnurstock dagegen führt man einen einzigen Leittrieb nach oben oder einen Zaun entlang.

Bei Brombeeren und Kiwis werden die Triebe von Jugend an gleichmäßig an das Spalier verteilt und geheftet. Ein besonderer Erziehungsschnitt ist hier nicht nötig. Später müssen diese Kletterpflanzen regelmäßig ausgelichtet werden, wobei man bei Brombeeren alte Triebe am Boden wegnimmt und bei Kiwis die Seitentriebe einkürzt, die sich aus den Haupttrieben entwickeln.

Auslichten

Gewöhnlich genügt es, Konkurrenztriebe zum Mitteltrieb zu entfernen und zu eng stehende sowie überkreuzte Seitentriebe auszulichten; bei starkwüchsigen Bäumen mehr, bei schwachwüchsigen weniger. Dabei geht man am besten von unten nach oben in der Krone vor. Meist ist ein hochstehender Seitentrieb des Seitenleitastes dominant und überragt die anderen. Wenn er sehr steil nach oben wächst, spreizt oder senkt man ihn ab oder lenkt ihn auf ein Außenauge beziehungsweise auf einen nach außen weisenden Trieb ab. Die übrigen langen Seitentriebe, die nach dem Auslichten an jedem Seitenleitast erhalten geblieben sind, werden eingekürzt und dem Endtrieb untergeordnet.
Das Auslichten sollte jährlich geschehen, sonst werden bald die erhaltenswerten Kronenäste bedrängt. Außerdem verholzen die störenden Triebe und sind dann nur mit Mehraufwand zu entfernen.
Kurze Triebe und die, an den dicken Fruchtknospen erkennbaren Fruchttriebe bleiben gänzlich unbehandelt. Fruchttriebe können je nach Obstart und -sorte unterschiedlich aussehen. So bringen manche Sorten langes, andere mittellanges und wieder andere kurzes, schrumpeliges Fruchtholz hervor. Bei einigen Obstbäumen, besonders bei Buschbäumen, die oft schon ab dem zweiten und dritten Standjahr tragen, kann ein kräftiger Rückschnitt förderlich sein. Und zwar dann, wenn sie schon früh vergreisen, also kaum noch wachsen, weil sie sich bei der Fruchtentwicklung verausgabt haben.

Der Kirschbaum verträgt den Sommerschnitt recht gut.

Es genügt einige zu eng stehende Zweige zu entfernen.

Verjüngen

Das Geäst muß meistens stark ausgelichtet und neu geordnet werden, damit wieder gefällige Kronen entstehen. Bei sehr alten beziehungsweise sehr vernachläßigten Kronen muß der Verjüngungsschnitt eventuell auf mehrere Jahre verteilt werden. Die meisten Obstgehölze vertragen aber einen starken Rückschnitt ins alte Holz und regenerieren sich meist schon im Jahr nach dem Rückschnitt. Ausgenommen sind Süßkirschen sowie Nußbäume, die ohnehin nach der

Kronenerziehung nur sehr wenig geschnitten werden. Der Alterungsprozeß ist im Übrigen von der Art und mitunter von der Sorte abhängig. So vergreisen Sauerkirschen schon ziemlich früh, während Süßkirschenbäume zwanzig Jahre und mehr gesund gedeihen und nicht verjüngt werden müssen. Einem radikalen Rückschnitt fallen natürlich jede Menge Blütenknospen zum Opfer, die ja schon im Vorjahr an den jungen Trieben gebildet wurden. Im Sommer nach einer Verjüngung ist daher nur mit einer geringen Ernte zu rechnen oder sie fällt ganz aus. Während der Saison entwickeln sich aber wieder Blütenknospen für das nächste Jahr.

Alte Obstbäume lassen sich – falls nötig – durch einen kräftigen Auslichtungsschnitt im Winter zur Verjüngung anregen.

Wenn der Schnitt einige Jahre versäumt wurde

Bei jungen, noch wüchsigen Kronen, die anfangs richtig erzogen, aber dann einige Jahre nicht geschnitten wurden, ist es in der Regel nur nötig, alle störenden, nach innen wachsenden, steilen Triebe etc. zu entfernen und so die erhaltenswerten Hauptleitäste freizustellen. Nach diesem Auslichten und Ordnen sind die Kronen ausreichend verjüngt und brauchen in den Jahren danach nur wie üblich ausgelichtet werden.

Eine neue Krone aufbauen

Vor der Verjüngung ist eine genaue Betrachtung der Krone nötig, um die erhaltenswerten und die störenden Zweige zu erkennen. Vielleicht ist sogar noch das alte symmetrische Astgerüst erkennbar, das sich dann freischneiden läßt. Andernfalls muß eine völlig neue Krone gebildet werden. Dazu sucht man zunächst einen möglichst senkrechten Mitteltrieb und geeignete seitliche Leitäste. Der Mitteltrieb wird dann freigeschnitten, das heißt man entfernt alle störenden Konkurrenztriebe. Falls nötig, muß hier mit der Säge eingegriffen werden, wenn ein alter doppelter Gipfel zu beseitigen ist. Als Seitenäste wählt man möglichst waagrecht stehende, gleichmäßig rund um den Stamm angeordnete Äste. Wenn die Äste in Etagen angeordnet sind, bleiben pro Etage drei bis fünf in verschiedene Richtungen stehende Äste erhalten und werden freigeschnitten, also von Reitern, dürrem Holz und dergleichen befreit. Andernfalls läßt man einige brauchbare, möglichst waagrechte und gleichmäßig verteilte Äste stehen und nimmt sie als Seitenleitäste. Zu steil stehende Äste werden auf waagrecht stehende Seitentriebe abgelenkt. Lücken, die nicht durch alte Äste beziehungsweise durch Seitentriebe ausgeglichen werden können, lassen sich eventuell durch Wasserschosse schließen, die abgesenkt und befestigt werden.

Nach- und Nebenwirkungen

Es kann einige Jahre dauern, bis sich solche „Aushilfszweige" zu gleichwertigen Seitenästen entwickelt haben. In den Jahren nach der Verjüngung muß die alte Krone aber ohnehin nachbehandelt werden, weil sich nach dem scharfen Rückschnitt auch viele unbrauchbare

Der Stamm wird über einem Seitenzweig abgetrennt.

Triebe (insbesondere steile Wasserschosse) bilden, die zu entfernen sind. Dabei werden auch die jungen Seitentriebe weiter behandelt.
Durch die Verjüngung wird nicht nur die Entwicklung vieler neuer Wasserschosse, sondern auch vieler junger Seitentriebe angeregt. Darunter befinden sich auch junge Fruchttriebe, die sich in äußeren Kronenpartien, also an den jüngeren Zweigen der Seitenleitäste bilden. Diese Triebe sind für die Verjüngung der alten Krone wichtig und bleiben erhalten. Man schneidet lediglich zu eng stehende, schwache, nach innen wachsende und überkreuzte Triebe weg und kürzt zu lange Triebe jeweils über einem Außenauge ein.

Abwerfen alter Obstbaum-Kronen

Wenn ein alter Baum nicht richtig fruchtet, weil eine schlechte Sorte veredelt wurde oder weil er gänzlich wild ist, so läßt sich durch den Schnitt und selbst durch radikales Verjüngen keine Verbesserung erzielen. In diesem Fall kann das Abwerfen, also ein radikaler Rückschnitt der Krone auf kurze Stummel, in Frage kommen.
Auch dieser Eingriff darf nur während der Saftruhe, also im Winter vorgenommen werden. Man wählt drei bis vier alte, gleichmäßig angeordnete Seitenäste aus, die etwa in der gleichen Höhe vom Stamm

Das Abwerfen alter Kronen geschieht in der Saftruhe im Winter.

Wenn drei Edelreiser anwachsen, läßt man den kräftigsten Trieb stehen. Daraus entwickelt sich die neue Krone.

abstehen, und schneidet sie auf etwa 30 bis 50 cm lange Stummel zurück. Weiterhin ist ein senkrechter Mittelleitast nötig, der ebenso radikal abgeschnitten wird, aber die Seitenäste beziehungsweise die übriggebliebenen Stummel noch überragen muß. Alle übrigen Äste werden ganz, also glatt am Stamm entfernt. Die Schnittwunden werden mit Wundsalbe verschlossen, zumal es bei alten Bäumen große Sägewunden sind. Danach bleibt der Torso zunächst bis zum Frühjahr stehen. Vor dem Veredeln schneidet man dann die Stummel mit einem Messer nach.
In jeden Stummel kommen mehrere Reiser. Das geschieht am einfachsten durch das sogenannte Rindenpfropfen, einer gebräuchlichen Veredelungstechnik im Frühjahr. Diese beste Zeit dazu ist etwa im April/Mai, wenn die Rinde wieder „im Saft ist" und sich leicht vom Holz lösen läßt.
Die einjährigen Triebe mit den gewünschten Eigenschaften müssen bereits im Winter gewonnen werden. Diese etwa scherenlangen Edelreiser werden nun unter einer Knospe lang und schräg angeschnitten. Der lange Schnitt ist wichtig, damit eine große Verbindungsfläche mit der Unterlage, also dem alten Baum entsteht. Die Rinde schneidet man bis zum Kambium ein (das ist eine dünne Geweschicht, die unter der Rinde liegt) und löst die beiden Rindenlappen vom Holz. Jetzt lassen sich die Edelreiser hinter die Rinde schieben. Zum Schluß verbindet man das Ganze mit Bast und verstreicht die Schnittstellen mit Baumwachs.
Die Chancen, daß die Edeltriebe anwachsen, sind beim Kernobst recht hoch. Sollten schließlich im Frühjahr alle Edeltriebe

Dieser Birnbaum hat nach dem Abwerfen und Umveredeln schon wieder eine kräftige junge Krone gebildet.

austreiben, so läßt man pro Aststummel nur den kräftigsten stehen. Die anderen schneidet man weg, damit sich der eine ungehindert entwickeln kann.
Nach dem erfolgreichen Umveredeln muß aus den kleinen Edeltrieben eine völlig neue Krone aufgebaut werden. Im Prinzip ist der Baum jetzt im selben Zustand wie eine Jungpflanze nach dem Pflanzschnitt. Allerdings bringt er durch den enormen Wurzeldruck viele kräftige Jungtriebe aus dem Stamm und den Aststummeln hervor. Diese müssen immer wieder entfernt werden, damit sie die Edeltriebe nicht behindern.
Beim Steinobst ist das Abwerfen und Umveredeln schwieriger als beim Kernobst, denn die Anwachs-Chancen sind geringer. Etwas Erfahrung mit dem Veredeln ist aber grundsätzlich bei jeder Obstart empfehlenswert. Andernfalls ist vom Abwerfen und Umveredeln eher alter Kronen abzuraten. Notfalls kann man damit einen Gärtner beauftragen, wenn eigene Veredelungsversuche mißlingen.

Kernobst

Beim Kernobst gibt es unterschiedliche Kronenformen, die von der Art, von der Sorte, von der Unterlage und vom Schnitt beeinflußt werden.
Die Arten, also Apfel-, Birnen- und Quittenbäume, unterscheiden sich in der Wuchsform und -stärke recht deutlich voneinander. So wachsen Apfel- und Quittenbäume breit und kugelig, Birnbäume dagegen ziemlich schlank und aufrecht. Während Apfel- und Birnbäume in der Wuchsstärke ähnlich sind, bleiben Quitten eher niedrig und strauchförmig. Innerhalb der einzelnen Arten aber gibt es auch enorme Sortenunterschiede. So wächst zum Beispiel der 'Boskoop' auffällig breit ausladend, während der 'Golden Delicious' eher aufrechte Triebe hervorbringt.
Bei der Birne besteht das Sortiment vorwiegend aus steil aufrecht wachsenden Sorten, aber auch breit aufrecht wachsende und überhängende sind dabei. Bei den Quitten sind Sortenunterschiede kaum erkennbar. Entscheidend werden die Wuchsformen der Apfel- und Birnbäume von der Veredelungs-Unterlage bestimmt; das ist ein Wurzel- und Stammbildner, auf den die Krone veredelt ist. Beim Apfel gibt es die meisten Unterlagen. Bei der Birne dienen vorwiegend Sämlinge und Quitten als Veredelungs-Unterlagen, wobei Sämlinge einen kräftigeren und Quitten einen schwächeren Wuchs bewirken.
Hier wird deutlich, wie wichtig es ist, die verschiedenen Faktoren zu beachten und bereits vor dem Pflanzen richtig abzustimmen, also beispielsweise auf kleinen Flächen nur kleinbleibende Bäume zu pflanzen, die auf schwachwachsende Unterlagen veredelt sind. Denn es ist nicht möglich, Sorten auf starkwüchsigen Sämlingsunterlagen durch Schnitt kompakt zu halten, zumal ein kräftiger Rückschnitt immer wieder einen starken Austrieb zur Folge hat. In guten Baumschulen sind die Bäume mit Etiketten gekennzeichnet, die nicht nur auf die Sorte, sondern auch auf die Unterlage hinweisen. Achten Sie darauf, oder lassen Sie sich gut beraten!

Apfel *(Malus domestica)*

Beim Apfel wirkt sich die **Veredelungs-Unterlage** entscheidend auf den Schnitt aus. Hier gibt es die größte Vielfalt, angefangen bei den

- Sämlingen, die besonders große, kräftige Kronen verursachen, über die
- starkwüchsigen Typen-Unterlagen wie etwa Typ M 11 , M 25 oder A 2 (die Namen beziehen sich auf die Züchtungsanstalten in Malling/England oder Alnarp/Schweden), die über 5 m hohe Bäume hervorbringen können, weiterhin über die
- mittelstark wachsenden Typen, wie M 4 oder M 7, die etwa 3 bis 4,50 m hohe Bäume entwickeln, bis hin zu den
- schwach wachsenden Typen wie M 9 oder M 27, die nur 1,50 bis 3 m hohe Bäumchen tragen.

Kleinbleibende Bäumchen auf schwachwüchsigen Unterlagen brauchen entsprechend weniger Schnitt als mittelstark oder stark wachsende Bäume. Beim Pflanzschnitt und beim Erziehungsschnitt werden noch alle Typen und Sorten in etwa gleich behandelt, Sonderformen wie Spalierbäume natürlich ausgenommen. Grundsätzlich lassen sich Apfelbäume recht leicht erziehen, weil sie von Natur aus je nach Sorte mehr oder weniger lichte Kronen und einen durchgehenden Mitteltrieb entwickeln. Nur ungepflegte Kronen verwildern und werden dicht und undurchdringlich. Deshalb ist es wichtig, von Anfang an einzugreifen und die Kronen zu formen. Beim Apfel ist die Pyramidenkrone, mit durchgehender Stammverlängerung die natürlichste Kronenform, die sich auch am einfachsten erziehen und instandhalten läßt. Nachdem beim **Pflanzschnitt** ein Mitteltrieb und drei bis vier Seitenäste freigestellt sowie alle anderen Triebe entfernt wurden, ist beim ersten **Erziehungsschnitt** das Anschneiden dieser Leitäste wichtig. Dadurch lassen sie sich von Anfang an in bestimmte Richtungen lenken. Die Seitentriebe werden alle etwa in der gleichen Höhe, jeweils über einer nach außen weisenden Knospe, um ein Drittel ihrer Länge eingekürzt. Der Mitteltrieb muß die Seitentriebe überragen. Er wird ebenso über einer Knospe eingekürzt, muß nachher aber noch etwa 20 cm über den Seitentrieben stehen. Im Sommer kann korrigierend eingegriffen werden, indem man zum Beispiel störende Neutriebe aus alten Schnittstellen ent-

In den ersten Jahren störende Triebe ausschneiden.

Aus den noch übrigen Trieben entwickelt sich das Astgerüst.

fernt oder den Mitteltrieb stäbt und neu befestigt. Im nächsten Winter wird die nun gut garnierte, also mit Seitentrieben besetzte Krone wieder ausgelichtet und geordnet. Wählen Sie dazu erst einmal brauchbare neue Triebe aus, die für den weiteren Ausbau der Krone geeignet sind. Der Jungtrieb aus der obersten Knospe bleibt für die Verlängerung des Mitteltriebes erhalten und wird freigeschnitten. Steile Konkurrenztriebe aus unteren Knospen werden entfernt, es sei denn, man kann sie für die Bildung von weiteren Leitästen brauchen. Dann schneidet man sie etwa um ein Drittel ihrer Länge jeweils über einer Außenknospe zurück.

Auch für die weitere Entwicklung der Leitäste sind gesunde, kräftige Triebe nötig, die sich in der Regel jeweils aus den Endknospen gebildet haben. Diese werden wiederum etwa um ein Drittel ihrer Länge jeweils über einer Außenknospe eingekürzt, damit sie in der nächsten Saison neue, möglichst waagrechte Triebe hervorbringen.

Apfelblüten sind auf Blütenstaub von anderen Sorten angewiesen.

Die Triebe aus den nachfolgenden Knospen werden ausgedünnt. Und zwar bleiben die Triebe erhalten, die nach außen wachsen. Falls sie steil stehen, ist es ratsam, sie jeweils über einem Außenauge abzuschneiden. Unbrauchbare, insbesondere nach innen wachsende Triebe werden weggeschnitten. Weiterhin sind alle Wildtriebe vom Stammgrund zu entfernen.

Die Krone ist in den nächsten Jahren nach denselben Grundsätzen weiter auszubauen: Vor allem werden der Mittelleittrieb und Seitenleitäste verlängert. Die Seitentriebe verzweigen sich und garnieren sich mit **Fruchtholz**, sodaß allmählich eine gleichmäßige, ertragreiche Krone entsteht.

Die Erziehung bei den verschiedenen Apfel-Typen (Busch, Niederstamm, Halbstamm, Hochstamm) und -Sorten gleicht sich. Erst später, wenn nach etwa drei bis sechs Jahren die Kronen ausgebildet sind und die Bäume bereits im Ertrag stehen, werden mit dem **Auslichtungs- oder Instandhaltungsschnitt** die Unterschiede im Wuchs der einzelnen Bäume stärker beachtet.

Je nach Unterlage und Edelsorte bildet sich im Laufe der Zeit eine kleine, mittelgroße oder große Krone mit mehr oder weniger breitkugeligem bis aufrecht pyramidalem Charakter. Bei einigen Sorten können sich auch typisch überhängende Triebe entwickeln (z. B. bei 'Jonathan'), was weniger erwünscht ist, weil es die Erziehung offener Kronen erschwert und weil überhängende Seitentriebe relativ kleine Früchte hervorbringen. Hier ist es empfehlenswert, durch stärkeren Rückschnitt der Seitentriebe den Austrieb kräftiger, mehr aufrechter Triebe zu fördern. Umgekehrt sollten typisch straff und kräftig aufrecht wachsende Sorten wie ‚Boskoop' nicht zu übermäßigem Neuaustrieb angeregt werden. Man schneidet sie dazu besonders maßvoll, kürzt die Seitentriebe nur wenig ein und nimmt lediglich das Nötigste aus der Krone.

Bei schwachwachsenden Buschbäumchen ist es nötig, rechtzeitig mit der **Verjüngung** zu beginnen, wenn sie nicht mehr wüchsig sind und nur noch schwache Jahrestriebe hervorbringen. Apfelbäume auf schwachwachsenden Unterlagen tragen zwar oft schon zwei bis drei Jahre nach der Pflanzung, sie bauen jedoch bald ab und sind manchmal mit 15 Jahren schon vergreist. Wenn die Wüchsigkeit nachläßt, schneidet man sie darum stärker, um den Neuaustrieb zu fördern. Bei starkwachsenden Bäumen ist dies nicht erforderlich. Sie müssen vielmehr die Jahre hindurch nur weiter ausgebaut und ausgelichtet werden. Größere Eingriffe werden im Winter erledigt. Korrekturen sind auch beim Sommerschnitt etwa im Juni möglich.

Birne *(Pyrus communis)*

Anders als die meisten Apfelbäume wachsen Birnbäume in der Regel stärker aufrecht und bilden hohe, schlanke Kronen. Allerdings gibt es auch Sortenunterschiede. So entwickelt beispielsweise 'Gellerts Butterbirne' stark aufrecht wachsende Triebe, während für 'Williams Christ' ein eher halb aufrechter Wuchs typisch ist und 'Clapps Liebling' bogenförmig überhängende Triebe hervorbringt.

Auch bei der Birne nimmt die **Veredelungs-Unterlage** wesentlichen Einfluß auf den Wuchs. In der Regel werden in den Baumschulen Buschbäume und Niederstämme durch Veredelung auf Quitten erzielt. Halbstämme und Hochstämme pfropfen oder okulieren die Gärtner auf Sämlinge.

Zudem spielen doppelte Veredelungen, sogenannte **Zwischenveredelungen**, eine wichtige Rolle. Denn bei Sorten, die zu überhängendem Wuchs neigen (z. B. 'Alexander Lucas'), lassen sich kaum gerade, aufrechte Stämme bilden. Deshalb veredelt man bei diesen Sorten auf die Wurzelunterlage zunächst einen sogenannten Stammbildner, also eine Sorte, die straff aufrecht

Birnen fruchten reichlich, wenn die Blüten im Frühjahr bestäubt werden.

wächst und ein gerades Stämmchen entwickelt (meistens 'Gellerts Butterbirne'). Auf diese Zwischenveredelung erst folgt die gewünschte Fruchtsorte. Erkundigen Sie sich beim Pflanzenkauf auf jeden Fall nach der Unterlage und wählen Sie schwachwachsende oder starkwachsende Unterlagen – je nachdem, ob Sie kleine oder große Bäume erziehen wollen!
Bei Birnbäumen ist es besonders wichtig, von Anfang an mit dem **Erziehungsschnitt** ein gleichmäßig geordnetes Astgerüst zu entwickeln. Das heißt, bei steil aufrecht wachsenden Sorten erzieht man durch den Schnitt auf Außenaugen und, falls nötig, durch Abspreizen offene Kronen, die später nur ausgelichtet werden.
Vor allem müssen bereits in jungen Jahren die typischen Konkurrenztriebe des Mittelleittriebs, die sich zahlreich entwickeln, regelmäßig ausgeschnitten werden.
Für die Stammverlängerung bleibt der kräftigste Gipfeltrieb stehen. Die Konkurrenztriebe werden abgespreizt und eventuell für die Bildung einer zweiten Seitentriebetage genutzt. Mehr als beim Apfel ist bei den Birnbäumen wichtig, daß krumme oder sehr elastische Gipfel gestäbt und zu steile Seitentriebe abgespreizt werden, um lichte Kronen zu erhalten. Dazu sollte auch im Sommer eingegriffen werden, ebenso wie zum Entfernen störender Austriebe aus alten Schnittstellen.

Das Auslichten junger Birnbäume ist für die Kronenbildung wichtig.

Bei Sorten mit überhängendem Wuchs ist ebenso die Entwicklung einer offenen Krone mit senkrechtem Mitteltrieb zu fördern. Hier schneidet man die überhängenden Seitentriebe stark zurück, um den Austrieb aufrechter Jungtriebe und damit die Entwicklung möglichst waagrechter Seitenleittriebe zu fördern. Die Triebe verholzen mit den Jahren in dieser Stellung, und es entstehen mehr oder weniger waagrechte Seitentriebetagen.
Außer bei der Sorte 'Clapps Liebling' ist dies unter anderem bei 'Alexander Lucas' wichtig und nicht zu versäumen. Diese Sorte entwickelt nämlich anfangs dünne, lange, aufrechte Triebe, die später überhängen, wenn sie nicht behandelt werden.
Wie beim Apfel schneidet man die Jungpflanze beim Pflanzen zunächst scharf zurück, indem der Mitteltrieb und die drei bis vier Seitentriebe etwa um ein Drittel ihrer Länge eingekürzt werden. Daraufhin treiben im Jahr danach kräftige Jungtriebe aus, und zwar jeweils aus drei bis vier Knospen unterhalb der Schnittstellen. Diese werden wiederum ausgedünnt, also entfernt, wenn sie nach innen wachsen, oder sie bleiben erhalten und werden eingekürzt, wenn sie für den weiteren Aufbau der Krone brauchbar sind.
Bei **Birnenspalieren** ist es

wichtig, bereits in den ersten Jahren ein symmetrisches Zweiggerüst zu erziehen und die Triebe von Anfang an an das Gerüst zu heften, solange sie elastisch und formbar sind. Später muß nur ausgelichtet und verjüngt werden. Für Spaliere eignen sich im Übrigen nur Veredelungen auf Quitten-Unterlagen, die nicht zu starkwüchsig sind. Wenn eine große Hauswand zu begrünen ist, darf natürlich auch ein starkwachsender Baum eingesetzt werden (gelegentlich an alten Bauernhäusern).
Birnen entwickeln je nach Sorte langes oder kurzes **Fruchtholz** – oder beides. Es ist deutlich an den dicken Knospen erkennbar und bildet sich während der Erziehung an den Seitenleittrieben. Je nach Sorte kann es aufrecht oder waagrecht stehen oder auch überhängen. Schneiden Sie überhängende Zweige also nicht grundsätzlich weg, sondern achten Sie darauf, ob daran große, dicke oder kleine Knospen sitzen. Fruchtholz mit dicken Knospen muß erhalten bleiben und darf allenfalls mit der Zeit bei älteren

Ein Birnenspalier sieht gut aus und trägt reichlich Früchte. Vorzugsweise eignen sich dafür sonnige Südwände.

Bäumen verjüngt werden. Dann wird nur altes Fruchtholz im Kroneninneren weggeschnitten, das junge Fruchtholz der äußeren Kronenpartien bleibt erhalten.
Birnbäume auf Sämlings-Unterlagen können – ebenso wie Apfelbäume auf starkwachsenden Unterlagen – weit mehr als 20 Jahre lang fruchtbar bleiben. Nachdem die Kronen aufgebaut und gut entwickelt sind, brauchen sie keine besondere Pflege mehr. Nur das regelmäßige **Auslichten** darf nicht versäumt werden. Später, wenn sie im Ertrag nachlassen und nicht mehr wüchsig sind, können sie maßvoll verjüngt werden und vertragen dabei auch einen Rückschnitt ins alte Holz. Das gilt ebenso für schwachwachsende Buschbäume und Nieder-

stämme auf Quitten-Unterlagen, die jedoch schon früher vergreisen und deshalb auch früher verjüngt werden als starkwüchsige Halb- und Hochstämme.
Wie beim Apfel sind größere Eingriffe im Winter zu erledigen; Korrekturen sind auch beim Sommerschnitt etwa im Juni oder bei der Ernte möglich.

Quitte *(Cydonia oblonga)*

Quitten sind im Wuchs den Apfelbäumen ähnlich. Das gilt sowohl für Apfel-, als auch für Birnenquitten – diese Bezeichnungen beziehen sich nur auf die Fruchtform. Die Bäume bleiben aber wesentlich kleiner und erreichen etwa eine Höhe und Breite von etwa 3 m. Die Unterschiede zwischen den Sorten sind gering und für den Schnitt unbedeutend. Im Handel sind Quitten als Buschbäume oder Niederstämme erhältlich. Gewöhnlich erzieht man sie formlos und hält sie später nur durch jährliches Auslichten wüchsig und ertragsfähig.
Die verschiedenen Sorten werden auf Sämlinge veredelt. Manchmal dienen Weißdornsämlinge beziehungsweise Rotdorn- Zwischenveredelungen als Unterlagen. Diese Veredelungen sind ziemlich frostempfindlich und müssen nach einem strengen Winter stark zurückgeschnitten werden. Auch die robusteren Veredelungen auf Quitten-Sämlinge vertragen einen scharfen Rückschnitt und verjüngen sich gut.

Quitten sind erst erntereif, wenn die zunächst pelzige Schale glänzend wird.

Wegen der Frostempfindlichkeit des Holzes, insbesonders der jungen Triebe, ist es wichtig, erst im Frühjahr zu schneiden und dabei die Frostschäden gleich mit zu behandeln. Ansonsten werden die kleinen Buschbäumchen oder Sträucher nur ausgelichtet. Eine Fruchtholzbehandlung, das Stäben oder andere besondere Schnittmaßnahmen sind nicht nötig.
Beim **Pflanzen** werden Quitten wie Sträucher geschnitten. Man wählt also einige kräftige Triebe aus, die gleichmäßig verteilt sind, und kürzt sie etwa um ein Drittel ihrer Länge ein. Dabei sollte ein aufrechter, in der Mitte stehender Trieb die anderen Triebe überragen,

Die Erziehung der Bäumchen gleicht denen kleiner Apfel-Typen.

damit sich ein pyramidales Zweiggerüst entwickelt. Die untergeordneten Triebe werden über außenstehenden Knospen abgeschnitten, damit sich der Strauch öffnet und ein lichtes Zweiggerüst entsteht.
Bei der **Erziehung** während der nächsten Jahre wird dieses Zweiggerüst auf dieselbe Weise ausgebaut. Danach ist nur der regelmäßige Auslichtungsschnitt nötig.
Quittenstämmchen können auch mit Mittelleittrieb und gleichmäßig angeordneten Seitentriebetagen erzogen werden. Dann ist jedoch eine strengere Erziehung nötig, wobei der Mitteltrieb gestäbt und die Seitentriebe abgespreizt werden, damit ein symmetrisches Astgerüst entsteht.
Obwohl Quitten vorzugsweise strauchförmig oder als Busch- oder Niederstämmchen gezogen werden, ist es durchaus möglich, auch höhere Stammformen zu bilden. Dazu wählt man eine Jungpflanze mit möglichst deutlich erkennbarem, durchgehendem Mitteltrieb und „putzt" diesen bis zur gewünschten Kronenhöhe „auf", das heißt, alle Seitentriebe werden entfernt. In dieser Stammhöhe wird dann die Krone gebildet. Zur Stammverstärkung läßt man eventuell einige schwache Seitentriebe am Stämmchen stehen und schneidet sie auf etwa 10 cm Länge zurück. Dadurch wird der Saftstrom in die Krone gebremst und stärker in die Stammtriebe geleitet. Auf diese Weise wird auch das Dickenwachstum des Stämmchens angeregt. Später schneidet man die eingekürzten Seitentriebe glatt am Stamm weg.

Steinobst

Beim Steinobst gibt es einige markante Unterschiede zwischen den verschiedenen Arten. Grundsätzlich gilt wie beim Kernobst die größte Aufmerksamkeit der Erziehung. Später muß in der Regel nur noch ausgelichtet werden, mit Ausnahme des Pfirsichs, der wegen seiner Frostempfindlichkeit manchmal stark zurückzuschneiden ist. Anders als das Kernobst aber reagiert das Steinobst auf den Schnitt häufig mit „Gummifluß" (Austritt einer zähen Flüssigkeit). Deshalb ist es mehr noch als beim Kernobst nötig, schon von Anfang an regelmäßig und fachgerecht zu schneiden, damit gleichmäßig geformte Kronen entstehen, die später nur noch auszulichten sind. Dadurch vermeidet man von vornherein stärkere Eingriffe in alte Kronen, die große Wunden hinterlassen würden. Das Abschneiden eines alten Astes bei Süßkirschenbäumen hat nämlich fast immer Gummifluß zur Folge und sollte grundsätzlich vermieden werden. Sauerkirschen sind hier zwar weniger empfindlich. Aber auch sie

Im Sommer lassen sich störende Triebe leicht ausschneiden, solange sie noch weich sind.

sollten besser von großen Eingriffen verschont bleiben.
Beim Pflanzen von Steinobst ist deshalb die Auswahl besonders wichtig, weil der Schnitt kein Mittel ist, um Bäume auf Dauer klein zu halten. So sollte man beispielsweise statt eines Süßkirschenbaumes ein anderes Obstgehölz pflanzen, wenn der Standort für die ungehinderte Ausbreitung der gewöhnlich großen Krone zu eng ist. Mittlerweile sind jedoch auch einige kleinbleibende Züchtungen erprobt, die vereinzelt angeboten werden.
Wenn richtig gewählt und gepflanzt wurde, brauchen Steinobstgehölze (mit Ausnahme des Pfirsich und einiger Sauerkirsch-Sorten) weniger Pflege als Kernobstgehölze, besonders die Süßkirschen, die sparrig wachsen, sich im allgemeinen wenig verzweigen und kaum konkurrierende oder andere störende Triebe entwickeln.
Auf den Ertrag hat der Schnitt beim Steinobst (wiederum mit Ausnahme des Pfirsichs) ohnehin keine besondere Auswirkung, denn es fruchtet meist auch ohne Schnitt zufriedenstellend. Selbst völlig vernachläßigte Kronen bringen noch regelmäßig reichlich Obst hervor, wobei in der Größe und Qualität der Früchte kein wesentlicher Unterschied zu gepflegten Kronen besteht. Selbstverständlich sollte das Steinobst deshalb nicht verwildern. Denn gepflegte, ausgelichtete Kronen sind länger vital und sehen auch besser aus als ungepflegte. Vor allem ist es beim Steinobst wichtig, krankes Geäst zu behandeln beziehungsweise dürres Holz, das häufig durch Pilzinfektionen entsteht, regelmäßig und umgehend zu entfernen.
Aus diesem Grund schneidet man Steinobstbäume auch im Sommer, weil dann das dürre und kranke Holz leicht von gesunden Trieben zu unterscheiden und gut zu entfernen ist. Den Bäumen schadet das nicht, zumal sie keinen oder nur einen geringen Saftverlust hinnehmen müssen. Gewöhnlich ist ja kein Schnitt ins gesunde Holz erforderlich. Gesunde, stärkere Zweige werden – falls nötig – wie bei allen Gehölzen am besten im Spätwinter entfernt. Nur bei Bruchschäden, etwa durch Sturm, ist es nötig sofort einzugreifen und den Schaden entsprechend zu behandeln.

Süßkirschbäume bilden breite Kronen. Frühe Sorten werden seltener von lästigen Kirschfruchtfliegen befallen.

Süßkirsche *(Prunus avium)*

Süßkirschen werden hauptsächlich als Halb- oder Hochstämme angeboten, obwohl seit einigen Jahren auch Buschbäume und Niederstämme erhältlich sind. Die **Veredelungs-Unterlage** wirkt sich kaum auf den Schnitt aus, weil sie fast ausschließlich auf starkwachsende veredelt werden. Süßkirschen auf schwachwüchsigen Unterlagen, die gelegentlich erhältlich sind, werden im Prinzip genauso behandelt wie auf starkwüchsigen Unterlagen von Vogelkirschen *(Prunus avium)*. Denn sie ähneln sich in der Wuchsform und unterscheiden sich nur in der Wuchsstärke. Unter den Sorten ist beispielsweise die 'Große Prinzeßkirsche' durch einen relativ breit ausladenden Wuchs gekennzeichnet, während 'Schneiders Späte Knorpelkirsche' halbaufrechte Seitentriebe und eine hochovale Krone entwickelt. Süßkirschen schneidet man so wenig wie möglich. Wenn doch geschnitten wird, sind die Schnittwunden sofort zu behandeln, weil sie sehr leicht von Krankheitserregern, vor allem von Pilzsporen befallen werden. Der Pflanzschnitt und der Erziehungsschnitt sind allerdings wichtig, damit frühzeitig lichte Kronen und gleichmäßig angeordnete Äste entstehen.

Die Süßkirschblüten brauchen Blütenstaub von anderen benachbarten Bäumen, damit sich daraus Früchte entwickeln.

Beim **Pflanzschnitt** stellt man wie beim Kernobst einen geraden Mitteltrieb sowie drei bis vier kräftige, gleichmäßig angeordnete Seitentriebe heraus und entfernt alle anderen Triebe. Aus diesem Gerüst wird die Krone aufgebaut. Das ist bei Süßkirschen einfach, weil sie aus Terminalknospen (Endknospen an jedem Seitentrieb und am Mitteltrieb) kräftige Langtriebe hervorbringen und so einen senkrechten Mittelleittrieb und gerade Seitenleittriebe entwickeln. Damit die Bäume aber nicht zu langtriebig wachsen und ein kräftiges Astgerüst entsteht, ist es beim Pflanzschnitt nötig, den Mitteltrieb und die Seitentriebe einzukürzen. Wie bei allen Obstgehölzen schneidet man dabei auf Außenaugen, damit sich offene Kronen bilden. Im Unterschied zum Apfel oder zur Birne verzweigen sich Süßkirschen weniger und können durch das Einkürzen auch gezielt zur Verzweigung angeregt werden. Je nach Pflanzzeit – entweder im Herbst oder im Frühjahr – treiben in der kommenden Saison aus jeder Endknospe die

Das Ausschneiden junger Kirschbäume fördert lichte Kronen.

Später brauchen sie keinen besonderen Schnitt mehr.

kräftigsten Langtriebe und aus den nachfolgenden Knospen weniger kräftige Seitentriebe. Eventuell muß ein starker Konkurrenztrieb zum Gipfeltrieb entfernt werden. Die übrigen Triebe bleiben erhalten, wenn sie nach außen wachsen, oder werden entfernt, wenn sie in die Krone wachsen. Falls nötig, kann man auch sie durch den Schnitt auf Augen in beliebige Richtungen lenken.
Grundsätzlich schneidet man beim **Erziehungsschnitt** nur junge Triebe, die sich in der letzten Saison gebildet haben. Ins alte Holz wird möglichst nicht geschnitten. Gewöhnlich ist bei Süßkirschen auch das Absenken oder Abspreizen unnötig, weil sie von Natur aus mehr oder weniger stumpfwinklige Seitentriebe hervorbringen und recht ausladende, flache Äste bilden. Nur selten ist es nötig, einzelne abweisende oder steile Triebe, die für den Aufbau brauchbar sind, zu korrigieren.
In den nächsten Jahren der Erziehung werden die Seitenleitäste weiterhin nach außen gelenkt, der Mittelleitast wird nach oben verlängert. Das **Fruchtholz** braucht keine besondere Behandlung. Die Entwicklung von Fruchtholz und Fruchtknospen wird im Übrigen auch durch das Einkürzen der Seitentriebe gefördert.

Sauerkirsche *(Prunus mahaleb)*

Die Sauerkirsche unterscheidet sich im Wuchs wesentlich von der Süßkirsche. Zudem gibt es innerhalb des Sauerkirschen-Sortiments Unterschiede. Diese sind beim Schnitt zu beachten.
Sauerkirsch-Bäume sind von ihren Anlagen her kleiner als Süßkirschen. Sie haben nämlich ihren Ursprung in der kleinkronigen Weichselkirsche *(Prunus mahaleb)*, während die Süßkirschen von der großkronigen Vogelkirsche *(Prunus avium)* abstammen. Obwohl Sauerkirschen häufig auf Vogelkirsch-Unterlagen veredelt werden (gewöhnlich auf die Züchtung F 12/1), bleiben die Kronen klein. Die Steinweichsel, die manchmal auch als Unterlage dient, bringt von Natur aus nur kleinkronige Bäume hervor.
Der Schnitt der Sauerkirsche ist deshalb nicht einfacher als der der großen Süßkirschenbäume, weil sie sehr dicht wachsen und oft überhängende Triebe hervorbringen, die mit der Zeit häufig verkahlen. Grundsätzlich ist

Ältere Sauerkirschbäume bilden überhängende Triebe, die nach der Ernte zurückgeschnitten werden.

es wichtig, von Anfang an ein kräftiges Astgerüst zu bilden, das später leicht zu erhalten und zu pflegen ist.
Bei einer Erziehung zur pyramidalen Krone wird der Mitteltrieb senkrecht nach oben gelenkt. Dazu schneidet man ihn beim **Pflanzschnitt** stark zurück, damit er einen kräftigen Jungtrieb nach oben schiebt. Drei bis vier ausgewählte Seitentriebe werden ebenso stark jeweils über einem Außenauge zurückgeschnitten, damit sie kräftige Seitentriebe hervorbringen und sich verzweigen.
Im Jahr nach dem Pflanzschnitt bringen die eingekürzten Triebe viele kräftige Seitentriebe hervor. Sie werden im nächsten Frühjahr ausgelichtet; nur einige kräftige Triebe bleiben beim ersten **Erziehungsschnitt** erhalten. Der Mittelleittrieb wird nach oben verlängert. Alle Jungtriebe kürzt man anschließend wiederum ein, damit sie sich im nächsten Jahr kräftigen und erneut verzweigen.

Auf diese Weise wird eine gleichmäßige lichte Krone aus kräftigen Ästen aufgebaut.
Die kleinen Bäumchen bilden von selbst meistens nur eine Etage am Kronenansatz, also unmittelbar über dem Stamm. Die jungen Seitentriebe wachsen in der Regel steil aufrecht und sollten von Anfang an nach außen gelenkt werden, damit sich die Krone öffnet.
In den ersten Erziehungsjahren entwickeln sich infolge des starken Schnitts ausschließlich kräftige Blatttriebe, die für den Aufbau der Krone wichtig sind. Sobald eine gleichmäßige Krone aufgebaut ist, wird nur noch ausgelichtet, damit sich Seitentriebe mit Fruchtknospen

Zu dichte Sauerkirschkronen lassen sich im Winter auch kräftig auslichten. Es gibt selbstfruchtbare und selbstunfruchtbare Sorten.

entwickeln. Mitunter bilden sich bei einigen Sorten bereits nach zwei bis drei Jahren am mehrjährigen Holz **Fruchtknospen** und Bukettriebe (kurze Triebe mit deutlich sichtbaren dicken Knospen), die erhalten bleiben.
Auch nach der Erziehung, sobald der Ertrag beginnt, werden die Sauerkirschen nur noch **ausgelichtet**. Dabei entfernt man schwache und zu eng stehende Fruchttriebe.
Bei Sorten, die sehr lange, überhängende Fruchttriebe, sogenannte Peitschentriebe entwickeln, kürzt man diese ein, und zwar jeweils an einem kurzen Seitentrieb.
Im übrigen gibt es gravierende Sorten-Unterschiede, die zu beachten sind. Während beispielsweise die 'Schattenmorelle' zu stark überhängendem Wuchs neigt und durch den regelmäßigen Rückschnitt zu seitlicher Verzweigung und waagrechter Triebbildung angeregt werden muß, treibt 'Heimanns Rubinweichsel' straff aufrecht und darf nur wenig geschnitten werden, damit nicht die Bildung neuer, steiler Triebe angeregt wird.

Noch eher als Apfel- und Birnbäume vertragen Sauerkirschen die **Verjüngung**. Selbst alte Bäume, ungepflegte, verwilderte Kronen mit vielen stark überhängenden Zweigen können noch verjüngt werden. Die Zweige werden nach dem Auslichten stark eingekürzt, und zwar jeweils an einem waagrecht stehenden kurzen Seitentrieb oder an einer Knospe, so daß alle überhängenden Triebe wegfallen. Dadurch treiben im Jahr nach dem Schnitt aufrecht stehende Jungtriebe, und die Krone wird wieder licht und luftig. Falls keine geeigneten Leitäste zu finden sind, kann man Sauerkirschen sogar radikal stutzen. Die alten Ästen werden dazu auf weit im Kroneninneren stehende Jungtriebe zurückgenommen. Daraus läßt sich dann in den nächsten Jahren eine neue Krone aufbauen.
Der Pflanz- und Erziehungsschnitt wird am besten im Spätwinter erledigt, bei einer Herbstpflanzung natürlich auch im Herbst. Das jährliche Auslichten ist im Spätwinter oder auch im Sommer nach der Ernte möglich.

Pflaume, Mirabelle, Zwetschge, Reneklode *(Prunus domestica)*

Alle vier Steinobst-Arten entwickeln relativ kleine Bäume, die recht einfach zu pflegen sind. Sie werden auf die gleichen Unterlagen veredelt, wobei sich alle Unterlagen-Typen (z. B. *Prunus* 'St. Julien', *P. cerasifera* 'Myrabolana' usw.) hinsichtlich der Wuchskraft ähnlich sind und kaum Unterschiede bewirken.
Pflaumen, Zwetschgen, Mirabellen und Reneklo-den wachsen gleicher-

Zwetschgen tragen auch ohne Schnitt reich und regelmäßig.

maßen straff aufrecht und bilden gleichmäßige hochovale Kronen oder Rundkronen. Es ist deshalb von Anfang an sinnvoll, die Kronen durch einen gezielten Schnitt zu öffnen und den kräftigen, steilen Wuchs zu bremsen.
Diese Steinobstarten haben einen Drang zur Ausläuferbildung, das heißt, sie bringen aus dem Wurzelstock viele Wildtriebe hervor. Diese müssen entfernt werden, falls man sie nicht für die Vermehrung von Jungpflanzen, zum Beispiel als Veredelungs-Unterlagen, nutzen will.
Beim **Pflanzschnitt** lenkt man die ausgewählten Seitentriebe auf Außenaugen ab. Der Mitteltrieb bleibt erhalten und wird nach oben verlängert.
Bei der **Erziehung** werden die Seitenleittriebe weiterhin durch den Schnitt auf Außenaugen möglichst waagrecht nach außen gelenkt, der Mitteltrieb wird gerade nach oben geführt. Konkurrenztriebe zum Mitteltrieb sowie zu eng stehende und nach innen wachsende Seitentriebe sind zu entfernen.
Der Mitteltrieb verzweigt sich recht gut und bringt ziemlich steile Seitentriebe hervor, die für den Aufbau brauchbar sind und auf Außenaugen abgelenkt oder abgespreizt werden müssen. Die Seitentriebe entwickeln sich – anders als zum Beispiel bei der Süßkirsche – sehr zahlreich und unregelmäßig, so daß stärker korrigiert werden muß, damit ein symmetrisches Astgerüst zustande kommt.
Eine allzu strenge Kronenerziehung ist wegen der Wüchsigkeit und vor allem wegen dem Drang zu üppiger Verzweigung und zur Bildung vieler steiler Triebe bei diesen Steinobst-Arten nicht üblich. Es genügt, ein kräftiges Grundgerüst aufzubauen und regelmäßig auszulichten.
Das **Auslichten** ist unter anderem wichtig, um die Ausbreitung von Krankheiten und Schädlingen zu verhindern, denn in ungepflegten, dichten Kronen ist die Gefährdung besonders groß.
Bei älteren Bäumen sollte man unbedingt dürres Holz aus den Kronen entfernen.

Auch bei Pflaumenbäumen gibt es selbstfruchtbare und selbstunfruchtbare Sorten.

Das Auschneiden verbessert die Belichtung und Belüftung der Kronen.

Die **Fruchtknospen** sitzen hauptsächlich am kurzen, vorjährigen Geäst. Das Fruchtholz bleibt in der Regel erhalten und wird nur ausgelichtet, wenn sich zu viele engstehende Fruchttriebe bilden. Falls nötig, nimmt man außerdem vergreistes und schwaches Fruchtholz aus der Krone. Anders als beispielsweise Süßkirschen sind diese Steinobst-Arten relativ schnittverträglich und können auch **verjüngt** werden, wenn sie stark verwildert sind, zum Beispiel in vernachläßigten Obstbeständen. Man kann sie sogar ins alte Holz zurückschneiden, falls dies zur Verjüngung nötig ist. Sie treiben dann wieder viele kräftige Jungtriebe, aus denen eine neue Krone aufgebaut werden kann.
Der Pflanzschnitt wird je nach Pflanzzeit im Herbst oder im Frühjahr durchgeführt. Der Erziehungsschnitt geschieht am besten in den Wintermonaten. Zum Auslichten ist die Zeit nach der Ernte günstiger, weil sich dann auch die dürren Triebe, die bei diesen Obstbäumen häufig sind, gut erkennen lassen.

Pfirsichbäume sind selbstfruchtbar. Ein Bäumchen genügt, um Früchte zu bekommen.

Pfirsich *(Prunus persica)*

Der Pfirsich nimmt im Sortiment der Steinobst-Gehölze eine Sonderstellung ein, da er frostempfindlich ist und nach einem strengen Winter scharf zurückgeschnitten werden muß. Außerdem entwickelt er sehr schwaches Holz, das oft unter der Last der Früchte bricht. Er muß deshalb mehr als andere Steinobst- Arten zu kräftigem Wuchs und zur Entwicklung eines stabilen Astgerüsts angeregt werden. Auch Pfirsichbäume werden auf verschiedenen **Veredelungs-Unterlagen** angeboten. Man kann zwischen Bäumen auf starkwüchsigen Sämlings-Unterlagen oder mittelstark wachsenden Pflaumen-Unterlagen wählen. Beide Unterlagen bringen jedoch gleichermaßen kleine Bäumchen hervor. Bezüglich der Wuchsform und des Schnitts gibt es daher keine Unterschiede. Pfirsichbäume können mit pyramidaler Krone und durchgehendem Mitteltrieb, mit Hohlkrone ohne Mitteltrieb oder auch als Spalierbäume erzogen werden. Bereits beim **Pflanzschnitt** ist es wichtig, einen kräftigen Austrieb zu fördern. Man schneidet die Jungpflanze deshalb scharf zurück und läßt nur ein eintriebiges Stämmchen stehen. Dazu werden alle Seitentriebe entfernt. Dann wird das Stämmchen noch zurückgeschnitten. Im kommenden Jahr entwickeln sich aus den obersten Knospen unterhalb der Schnittstelle kräftige Triebe, die je nach Erziehungsform behandelt werden.

Bei der **Erziehung** mit Mittelleittrieb wird der oberste beziehungsweise der kräftigste Trieb im nächsten Frühjahr stark eingekürzt, damit er aus der obersten Knospe wieder einen aufrechten Trieb hervorbringt. Auf diese Weise wird in den nächsten Jahren eine kräftige Stammverlängerung gebildet. Ebenso werden die Seitentriebe stark eingekürzt, und zwar jeweils über Außenaugen, damit sich daraus kräftige, nach außen wachsende Seitentriebe entwickeln. In den nächsten Jahren wird durch den regelmäßigen Rückschnitt der neuen Endtriebe die Entwicklung kräftiger Seitenleitäste gefördert und die Verzweigung angeregt. Die Seitenleittriebe stehen beim Pfirsich in der Regel schräg aufrecht am Stamm und werden nicht abgespreizt, weil sie sonst unter der Last der Früchte leichter brechen.

Bei der **Spaliererziehung** bildet man einen senkrechten Mitteltrieb und zieht auf beide Seiten des Spaliers Seitentriebe, die im Abstand von etwa

Der Schnitt geschieht entweder vor oder nach der Blüte.

20 cm waagrecht geheftet werden (siehe S. 38).
Beim Pfirsich ist außerdem der **Fruchtholzschnitt** wichtig, denn er entwickelt sogenannte „wahre“ und „falsche“ Fruchttriebe. Wahre Fruchttriebe haben Blüten- und Blattknospen – aus ihnen entwickeln sich Früchte und Blätter. Diese Triebe sind wichtig und müssen erhalten bleiben. Um den Austrieb neuer solcher Triebe zu fördern, ist es nötig, die Pfirsichbäume regelmäßig zu schneiden. Falsche Fruchttriebe haben nur Blütenknospen. Sie sind zu entfernen, weil die Früchte, die sich daran entwickeln, nicht ausreichend versorgt werden.
Der Pfirsich bringt häufig sogenannte vorzeitige Triebe hervor. Das heißt, er treibt nochmal im Sommer, nachdem der eigentliche Jahrestrieb abgeschlossen ist, Seitentriebe aus den jungen Trieben. Diese sind in der Regel weich und empfindlich und frieren meistens im Winter zurück.
Später ist es nur noch nötig, die Leittriebe einzukürzen und die Krone regelmäßig **auszulichten**.
Bei Frostschäden müssen die erfrorenen Triebe bis ins gesunde Holz zurückgeschnitten werden. Pfirsichbäume vertragen den Rückschnitt ins alte Holz recht gut und verjüngen sich wieder.
Der Schnitt wird am besten vor oder nach der Blüte erledigt, wenn keine strengen Fröste mehr zu erwarten sind. Bei einem starken Rückschnitt ist eine Nachbehandlung im Sommer nötig, um die vielen Neutriebe auszulichten. Dabei können auch schattierte Früchte freigeschnitten werden, damit sie mehr Licht bekommen und besser reifen.
Der Sommerschnitt ist zudem empfehlenswert, um die dürren Triebe, die sich häufig bilden, besser erkennen und beseitigen zu können. Dabei sollten auch erkankte Stellen am Holz behandelt werden, die häufig durch Gummifluß gekennzeichnet sind. Am besten schneidet man diese Stellen bis ins gesunde Holz aus und verschließt die Wunden unverzüglich mit Wundsalbe. Im Zuge des Sommerschnitts ist es wichtig, reich tragende Äste zu stützen, weil sie sonst leicht unter der Last der Früchte brechen.

Aprikose *(Prunus armeniaca)*

Aprikosenbäume wachsen recht stark und sparrig und müssen von Anfang an richtig erzogen werden, damit sie schöne Kronen entwickeln. Sie werden gewöhnlich auf Pflaumen-**Unterlagen** veredelt, wobei entweder die wurzelechte Hauszwetschge (z. B. durch Wurzelausläufer gewonnene Jungpflan-

Aprikosen fruchten nur, wenn die frühen Blüten keinen Frost abbekommen.

zen) oder die 'Brompton'-Pflaume verwendet wird. Die schwächere Hauszwetschgen-Unterlage bietet sich besser für Busch- und Spalierbäumchen an, während die stärker wachsende 'Brompton'-Pflaume besser für Baumformen wie Nieder- oder Halbstämme geeignet ist. Auf die Wuchsform hat die Unterlage keine Auswirkung – auf beiden Unterlagen entwickeln sich gleichermaßen vielverzweigte, aufrechte Kronen. Allerdings ist es wichtig, sich für entweder starkwachsende oder schwachwachsende Jungpflanzen zu entscheiden. Für kleine Gärten oder Spalierbäume eignen sich grundsätzlich nur schwachwachsende Aprikosen-Sorten auf wurzelechten Zwetschgen-Unterlagen.

Das Holz ist weniger frostempfindlich als beim Pfirsich. Allerdings ist es sehr anfällig für Pilzkrankheiten, die oft ganze Äste ruinieren. Die Pilzsporen dringen unter anderem durch Schnittwunden ein und greifen so ins gesunde Holz über. Aprikosenbäume sollten deshalb möglichst wenig geschnitten werden. Die Schnittwunden sind unverzüglich zu behandeln.

Dennoch darf die Erziehung nicht vernachläßigt werden, damit sich ein gleichmäßiges Astgerüst mit kräftigen Hauptleitästen entwickelt.

Ähnlich wie beim Pfirsich kann man Aprikosenbäume mit Hohlkrone oder Pyramidenkrone erziehen. Dementsprechend wird der **Pflanzschnitt** durchgeführt.

Bei der Hohlkronen-Erziehung schneidet man den Mitteltrieb weg und wählt drei bis vier gleichmäßig angeordnete Seitentriebe, die schräg aufrecht wachsen, als Hauptleitäste für die Kronenerziehung aus. Sie werden eingekürzt, damit sie sich kräftigen und verzweigen, und von Jahr zu Jahr erweitert.

Bei der Pyramidenkronen-**Erziehung** bleibt der Mitteltrieb erhalten. Er wird etwa um ein Drittel eingekürzt und zu neuem Austrieb und zur Verzweigung angeregt. Wie bei der Hohlkronen-Erziehung läßt man drei bis vier

Bei mildem Wetter blühen Aprikosen oft schon im März/April auf. Leider sind die Bäumchen anfällig für Pilzkrankheiten.

Johannisbeerbäumchen sind auf die wilde Goldjohannisbeere veredelt, die kräftige Stämmchen bildet.

Seitentriebe stehen. Die Jungpflanze wird auf diese Weise jährlich weiter ausgebaut, wobei zu steil stehende Seitentriebe abgespreizt werden können.
Auch bei der Erziehung von **Spalierbäumen** sollte bereits in den ersten Jahren nach der Pflanzung ein gleichförmiges Astgerüst gebildet werden, wobei zunächst ein Mitteltrieb aufrecht gelenkt und dann mehrere Seitentriebe auf beide Seiten waagrecht ans Spalier geheftet werden. Das Spalier muß jährlich weiter ausgebaut werden, solange die Triebe elastisch sind, denn verholzte Triebe lassen sich nicht mehr formen.
Später brauchen Aprikosenbäume nur noch **ausgelichtet** werden.
Vor allem ist es wichtig, dürres Holz zu entfernen, um die Ausbreitung von Pilzkrankheiten zu verhindern. Ein Fruchtholzschnitt wie beim Pfirsich ist nicht nötig, weil Aprikosen reichlich neues Fruchtholz entwickeln. Bei Veredelungen auf wurzelechte Hauszwetschgen entwickeln sich außerdem oft Wurzelausläufer, die rund ums Jahr zu entfernen sind.
Wie beim Pfirsich ist es wichtig, krankes Holz sofort zu behandeln. Dazu schneidet man die erkrankten Stellen beziehungsweise die erkrankten Zweige bis ins gesunde Holz zurück und verschließt die Wunden mit Wundsalbe. Die Scharkakrankheit, eine Virusinfektion, kann das Absterben ganzer Äste zur Folge haben. Kranke Äste müssen sofort – notfalls vollständig – entfernt werden. Die entstandenen Lücken lassen sich durch junge Triebe, die gezielt abgespreizt oder durch den Schnitt auf Außenaugen abgelenkt werden, mit der Zeit wieder schließen.
Mehr noch als die anderen Obstarten müssen Aprikosen-Stämme vor Rindenrissen geschützt werden. Vor allem im Spätwinter, wenn die Sonne an klaren Tagen den Saftstrom in Bewegung setzt, die Rinde sich dehnt und dann bei Nacht wieder zusammenzieht, ist die Gefahr besonders groß. Zum Schutz vor dieser Wechselwirkung sollten die Stämme weiß angestrichen werden.
Die beste Zeit zum Schneiden ist wie beim Pfirsich im Frühjahr, vor oder nach der Blüte, wenn keine strengen Fröste mehr zu erwarten sind. Im Sommer kann außerdem ausgelichtet werden, weil dann das dürre Holz gut zu erkennen ist und weil die störenden, also nach innen wachsenden und steilen Triebe dann noch krautig sind und ohne große Verletzungen entfernt werden können.

Schnitt der Beerensträucher

Pflanzung und Erziehung

Bei Obststräuchern ist in der Regel keine besondere Formgebung oder Erziehung nötig. Sie bringen nahezu parallel stehende, aufrechte Triebe hervor, die meist im zweiten oder dritten Jahr fruchten.
Die Triebe sind bei den echten Sträuchern, also bei Stachelbeeren, Johannisbeeren und Heidelbeeren, mehrjährig, das heißt sie verholzen mit der Zeit und können viele Jahre alt werden. Bei den Halbsträuchern, also bei Himbeeren und Brombeeren, sind die Triebe kurzlebig, das heißt sie sterben bei Himbeeren bereits nach einem Jahr und bei Brombeeren nach wenigen Jahren ab. Dementsprechend müssen die echten Sträucher und die Halbsträucher auch unterschiedlich behandelt werden.
Bei Stachelbeeren, Johannisbeeren und Heidelbeeren sorgt man für gute Verzweigung und kräftige Triebe. Die Jungpflanzen aus der Baumschule, die gewöhnlich mit losen Wurzeln angeboten werden, brauchen einen scharfen Rückschnitt, damit sie gut anwurzeln und stark austreiben. Dabei bleiben die drei bis vier kräftigsten Triebe erhalten und werden etwa um ein Drittel ihrer Länge eingekürzt.
Die schwachen Triebe entfernt man. Ebenso werden die Wurzeln behandelt: Man kürzt zu lange und umgebogene Wurzeln ein, die dürren schneidet man weg. Nach der Pflanzung treiben aus den Knospen unterhalb der Schnittstellen Ruten, so daß sich die Jungpflanzen verzweigen. Im nächsten Jahr werden sie dann nur ausgelichtet; die alten Triebe und einige kräftige junge Bodentriebe, die sich nach dem Pflanzen entwickelt haben, bleiben stehen, die schwachen Triebe werden entfernt.

Auslichten und Verjüngen

Der Auslichtungsschnitt ist bei allen Sträuchern wichtig. Denn wenn sie nicht geschnitten werden, verkahlen sie mit der Zeit im Innern und vergreisen. Die Sorten-Unterschiede wirken sich beim Beerenobst kaum auf den Schnitt aus. Auf die mehltauanfälligen Sorten sollte man jedoch achten. Hier ist

Das Auslichten im Winter fördert die Verjüngung alter Büsche. Es genügt, einige alte Zweige am Boden abzutrennen.

das Auslichten besonders wichtig, um der Ausbreitung von Mehltau vorzubeugen. Bei den Halbsträuchern werden vor allem die alten Triebe entfernt und ausgelichtet: bei Himbeeren regelmäßig jedes Jahr und bei Brombeeren gelegentlich. Rankende Fruchtgehölze werden ebenso jährlich ausgelichtet. Bei ihnen müssen die Triebe danach wieder beziehungsweise neu an das Klettergerüst geheftet werden.
Obststräucher vertragen auch eine Verjüngung ohne Schwierigkeiten. Sie treiben sogar wieder aus, wenn man sämtliche Äste bis zum Boden zurückschneidet, und bauen aus dem Wurzelstock wieder ein neues Strauchwerk auf.
Beim Strauchobst ist im Spätwinter die beste Zeit für den Schnitt. Gleiches gilt für die Kletterpflanzen wie Weinreben oder Kiwis. Brombeeren, Himbeeren, Johannisbeeren und Stachelbeeren kann man aber auch nach der Ernte schneiden. Dies ist besonders zu empfehlen, wenn die Sträucher von Krankheiten wie etwa vom Mehltau befallen sind.

Die Beerenstrauch-Arten

Johannisbeeren *(Ribes)*

Johannisbeer-Sträucher kommen früh in den Ertrag und können viele Jahre ertragsfähig bleiben. Dazu ist der Schnitt wichtig. Und zwar zunächst der Pflanzschnitt, um kräftige Sträucher zu erziehen, und später der jährliche Auslichtungsschnitt, damit die Sträucher gesund und wüchsig bleiben. Grundsätzlich wachsen die **Schwarzen Johannisbeeren** und die **Jostabeeren** kräftiger und verzweigen sich weniger als die Roten. Sie tragen hauptsächlich am vorjährigen Holz Früchte. Deshalb kürzt man die Langtriebe jährlich etwa um ein Drittel ein, um den Neuaustrieb anzuregen. Bei den **Roten und Weißen Johannisbeeren** entwickeln sich die Früchte größtenteils an Kurzspießen am mehrjährigen Holz. Hier genügt es meist, die Sträucher entweder nach der Ernte oder im Frühjahr zu verjüngen. Auch bei den Schwarzen

Gute Johannisbeer-Sorten lassen sich einfach durch Stecklinge ziehen.

Sorten vertragen alte, verwilderte Sträucher gut eine gelegentliche Verjüngung. Dazu schneidet man einige alte Zweige direkt am Boden weg, so daß ein lichter Strauch entsteht. Infolge der Verjüngung entwickeln sich wieder kräftige Jungtriebe aus dem Boden. Sobald diese verholzt und verzweigt sind, werden auch die übrigen alten Zweige am Boden entfernt.

Viele Stachelbeer-Sorten sind mehltauanfällig; wählen Sie neue Züchtungen.

Stachelbeeren *(Ribes)*

Stachelbeeren werden ähnlich behandelt wie die Roten Johannisbeeren. Sobald sich nach einigen Jahren kräftige Sträucher entwickelt haben, ist es nur noch nötig, diese regelmäßig auszulichten, so daß jeweils etwa acht bis zehn alte Bodentriebe und vier bis sechs Jungtriebe erhalten bleiben. Darüber hinaus braucht man allenfalls noch stärker auszulichten, weil sie dichter wachsen als die Johannisbeeren.

Weinreben sind ideale Ranker für die Zaunbegrünung. Sie fruchten auch hier jedes Jahr zuverlässig.

Himbeeren (Rubus)

Himbeeren werden beim Pflanzen auf etwa 30 cm zurückgeschnitten. Dadurch bewurzeln sie besser und bringen kräftige Jungtriebe hervor. Im Herbst werden dann die alten Triebstummel am Boden entfernt, die Jungtriebe bleiben erhalten. Sie fruchten im nächsten Jahr. Nach der Ernte geht man genauso vor: Abgeerntete Triebe werden wiederum am Boden entfernt, die jungen Jahrestriebe bleiben erhalten.

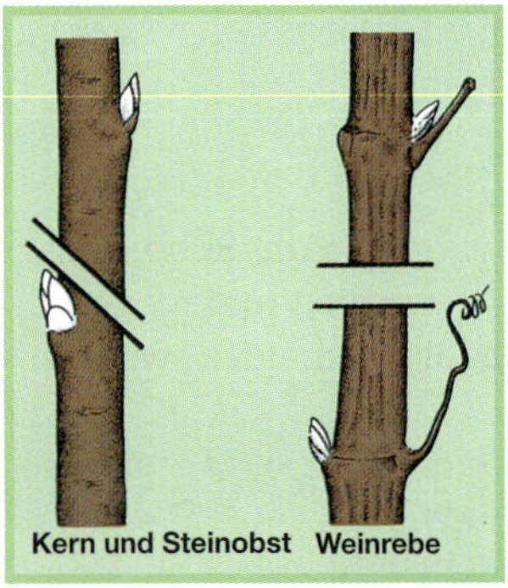

Anders als bei Obstbäumen und Sträuchern werden die Triebe bei Weinreben zwischen zwei Knospen abgeschnitten.

Pro Pflanze läßt man etwa acht bis zehn kräftige Jahrestriebe stehen. Schwache Triebe und eingetrocknete Triebspitzen schneidet man ebenfalls weg.

Brombeeren *(Rubus)*

Bei Brombeeren werden die Triebe im Gegensatz zu den Himbeeren mehrere Jahre alt. Sie verzweigen sich und entwickeln ein dichtes Gewirr aus alten und jungen Trieben.

Brombeeren frieren machmal stark zurück. Sie bringen aber wieder junge Triebe hervor.

Himbeerhecken verjüngen sich aus dem Wurzelstock; die alten Triebe werden nach der Ernte am Boden entfernt.

Der Auslichtungsschnitt darf deshalb nicht vernachläßigt werden.
Beim Pflanzen schneidet man die Ruten auf etwa 30 cm zurück. Daraus entwickeln sich im Jahr nach der Pflanzung kräftige Jahrestriebe, von denen etwa vier bis fünf erhalten bleiben. Die übrigen schneidet man im Frühjahr weg. Die erhaltenen Vorjahrestriebe bringen im Sommer aus Seitenknospen Blüten und schließlich Früchte hervor. Die Seitentriebe sollte man über dem ersten Blütenstand einkürzen, sonst werden sie zu lang, und die Hecke wird undurchdringlich. Während des

Sommers entwickeln die Pflanzen außerdem wieder junge Bodentriebe, die für die weitere Entwicklung gebraucht werden. Die schwachen Triebe sind zu entfernen.
Die kräftigen jungen Ruten legt man am besten im Herbst zu Boden, um sie vor Frost zu schützen; im Frühjahr werden sie wieder aufgerichtet. Die alten Tragruten sind in der Regel ausreichend frosthart. Sie bleiben etwa drei bis vier Jahre erhalten und werden dann entfernt und durch jüngere ersetzt. Sehr lange Tragruten kann man auch einkürzen, damit der Strauch einigermaßen kompakt bleibt. Bei der Heckenerziehung heftet man die Tragruten an ein Drahtgerüst und hält sie so in Form.

Heidelbeeren *(Vaccinium corymbosum)*

Heidelbeeren brauchen keinen besonderen Schnitt und müssen wie die anderen Beerensträucher nur ausgelichtet werden. Die Früchte entwickeln sich an vorjährigen Trieben. Allenfalls bei der Pflanzung kann man überschüssige Triebe einkürzen oder entfernen.

Rankendes Beerenobst

Weinreben *(Vitis vinifera)*

Auch der Wein gehört zum Beerenobst. Als Kletterpflanze weicht er jedoch von den übrigen Arten ab, zumal er oft nicht nur wegen der Früchte, sondern als Hausschmuck gepflanzt wird.
Obwohl auch verwilderte Reben reichlich tragen, sollte man die Reben richtig erziehen und regelmäßig schneiden, wenigstens einmal jährlich.
Zunächst wird der junge Rebstock an das Spalier, den Zaun oder an die Pergola gepflanzt. Er wird zurückgeschnitten und zu kräftigem Austrieb und zur Verzweigung angeregt (siehe „Spaliererziehung" S. 38), wenn sich ein gleich-

Ein starker Rückschnitt nach der Pflanzung fördert das Anwachsen und einen kräftigen Austrieb. Solche Veredelungen blühen und fruchten schon in jungen Jahren.

förmiges Zweigwerk, zum Beispiel ein Fächerspalier, entwickeln soll. Von Anfang an muß auf eine gleichmäßige Entwicklung der Triebe geachtet sowie gezielt geschnitten und befestigt werden. Hierbei sei erwähnt, daß man Reben nicht direkt über einer Knospe abschneidet, sondern zwischen zwei Knospen, so daß ein kurzer Zapfen erhalten bleibt. Andernfalls vertrocknet die Knospe.

Auch 'Weiki'-Kiwi ist zweihäusig, sie läßt sich gut als Sichtschutzpflanze nutzen.

Man kann die Rebe aber auch formlos ziehen und beispielsweise einen Schnurstock, also eine eintriebige Pflanze bilden. Dazu lenkt man nach dem Pflanzen nur einen Trieb nach oben oder in eine andere gewünschte Richtung und schneidet die Seitentriebe weg, die sonst für die Erziehung etwa eines Fächerspaliers nötig wären. Der Trieb wird während des Sommers angebunden und weitergeführt. Die Seitentriebe, die sich eventuell schon bilden, sind zu entfernen.
Im nächsten Frühjahr kürzt man den Haupttrieb dann ein, damit er sich kräftigt und verzweigt. Der Trieb aus der obersten Knospe wird erneut angeheftet und weitergeführt. Die anderen Triebe bleiben nun erhalten. Im darauffolgenden Frühjahr werden diese wieder eingekürzt und so zu Fruchtholz umgewandelt. Auf diese Weise führt man den Haupttrieb von Jahr zu Jahr weiter und regt ihn zur Entwicklung von immer mehr Fruchtholz an: Es entsteht ein kräftiger Stamm, der reichlich fruchtet und dennoch einfach zu pflegen ist.
Das Fruchtholz muß dazu nur regelmäßig jedes Jahr auf kurze Stummel mit vier bis sechs Knospen zurückgeschnitten werden.
Die Erziehung mit einem Trieb ist auch bei der Begrünung einer Pergola üblich. Und zwar wird die Rebe zunächst eintriebig nach oben gelenkt und dann erst zur Verzweigung angeregt, damit sich ein Fächer bildet.
Der Schnitt der Weinreben wird am besten im Spätwinter, etwa Ende Februar bis Anfang März durchgeführt, wenn die strengsten Fröste vorbei sind.
Zu spät darf nicht geschnitten werden, weil die Wunden beim Wein stark bluten. Zudem ist der Sommerschnitt üblich, damit die Früchte mehr Licht bekommen. Dazu schneidet man jeden Fruchttrieb kurz nach der letzten Traube ab. Weiterhin werden Geiztriebe, das sind Triebe, die aus den Blattachseln entspringen, ausgebrochen. Sogar ein scharfer Schnitt der meterlangen Jahrestriebe fördert langfristig die Qualität der Ernte.

Kiwi *(Actinidia chinensis)*

Bei Kiwis gibt es weibliche und männliche Pflanzen; es sind zwei Exemplare nötig, um Früchte zu bekommen (einige selbstfruchtbare Züchtungen ausgenommen).

Die Kiwi ist eine sehr wüchsige Kletterpflanze und braucht ein Spalier. Am besten gedeiht sie an einer sonnigen Südwand, da sie sehr wärmebedürftig ist. Damit die in der Regel zweihäusigen Gehölze Früchte entwickeln, sind mindestens eine männliche und eine weibliche Pflanze erforderlich. Nur bei wenigen Züchtungen genügt eine Pflanze.

Beim Pflanzschnitt schneidet man nur beschädigte, schwache und dürre Triebe zurück. Bei einer Pflanzung im Herbst ist ein Frostschutz erforderlich. Im Jahr nach der Pflanzung wurzelt die Jungpflanze an und bringt noch ziemlich wenig Zuwachs hervor. Im Herbst ist wieder ein Frostschutz nötig. Im Frühjahr darauf werden die erforenen Triebe und Triebspitzen zurückgeschnitten und schwache Triebe entfernt. Im Laufe des zweiten Jahres sollte die Jungpflanze bereits gut angewachsen sein und meterlange Jahrestriebe bilden, die im Sommer gleichmäßig am Spalier verteilt und geheftet werden. Im dritten Frühjahr wird wieder ausgeputzt, das heißt erfrorene und schwache Triebe werden entfernt. In diesem Jahr bringen die mehrjährigen Ruten aus seitlichen Knospen beziehungsweise aus Seitentrieben bereits Blüten hervor.

Sobald die Kiwis im Ertrag stehen, sollten sie möglichst wenig geschnitten werden. Allenfalls ist es nötig, im Frühjahr auszulichten und die Frostschäden zu beseitigen sowie im Sommer die Seitentriebe wie bei Weinreben auf etwa fünf bis sechs Blätter oberhalb der Früchte zu kappen, damit die Pflanze licht und luftig bleibt.

Der Schnitt der Laubbäume

Erziehung der sommergrünen Laubgehölze

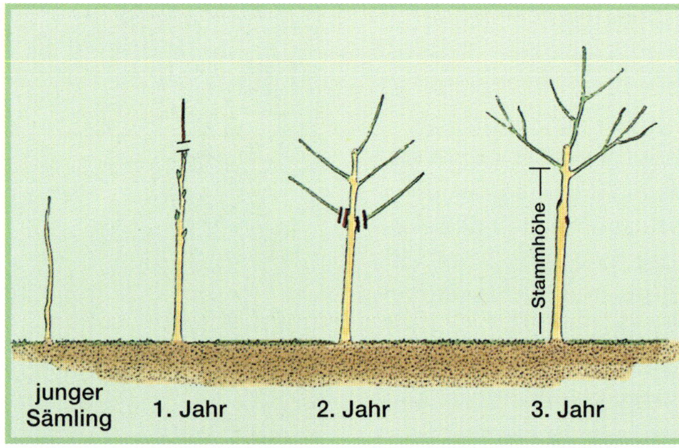

Beim Erziehungsschnitt der sommergrünen Bäume, die im Herbst ihr Laub verlieren, wird zunächst das zukünftige Kronengerüst festgelegt. Je nach Kronenhöhe beziehungsweise Stammhöhe werden einige geeignete Zweige ausgewählt, die sich nach der Pflanzung infolge des Pflanzschnitts gebildet haben. Die erhaltenswerten Zweige sollen möglichst gleichmäßig angeordnet sein und in alle Himmelsrichtungen weisen. Sie dürfen nicht zu eng stehen, zumal sie ja dicker werden.

Ein gesunder, kräftiger Trieb, der gerade aufrecht wächst, soll sich zum Leitast entwickeln. Er wird freigeschnitten, das heißt von Konkurrenztrieben befreit. Dadurch wirkt man von Anfang an der Bildung von Gabeln entgegen.

Nachdem ebenfalls einige gleichmäßig angeordnete Seitentriebe herausgestellt sind und mit dem Mitteltrieb die junge Krone bilden, ist der erste Erziehungsschnitt vollendet. Dieses Grundgerüst soll sich in den nächsten Jahren kräftigen und verzweigen. Natürlich richtet sich der Erziehungsschnitt nach dem Gehölztyp und nach der Kronenform. Den meisten sommergrünen Laubbäumen kommt die Erziehung mit einem geraden Mittelleittrieb und gleichmäßig angeordneten Seitenleitästen entgegen. Obwohl sich der Mittelleittrieb dann im Alter bei vielen Bäumen verzweigt und selten bis zum Gipfel erhalten bleibt, erleichtert diese Erziehungsform doch die Entwicklung einer schön gleichmäßigen Krone. Ausnahmen wie Säulen- oder Hängeformen, die weder einen Mittelleittrieb noch Seitenleitäste entwickeln, brauchen meist nur geringe Korrekturen.

Richtiges Pfählen erleichtert Hochstämmen das Anwachsen, besonders in windigen Lagen.

Auslichten

Im allgemeinen ist bei freistehenden Bäumen mit naturgemäßer Krone wenig zu tun. Oftmals erweist es sich in den Folgejahren als sinnvoll, die Kronen weiter auszubauen beziehungsweise dafür zu sorgen, daß sie sich gleichmäßig und artgerecht entfalten. Das ist recht einfach, wenn durch den Erziehungsschnitt bereits ein gut geordnetes, lichtes Kronengerüst herausgestellt wurde. Gewöhnlich genügt es dann, störende Triebe, insbesondere steile, nach innen wachsende und zu eng stehende, zu entfernen. Nach dem Auslichten brauchen nur noch die jungen Triebe geordnet zu werden, die sich außen an der Krone an älteren Zweigen gebildet haben. Sie sind für die weitere Entfaltung der Krone zuständig und sollen möglichst gleichmäßig rundherum verteilt sein. Nachdem noch der Mittelleittrieb beziehungsweise ein brauchbarer junger Gipfeltrieb freigeschnitten wurde, ist die Krone wieder licht und gut geordnet. Bei veredelten Laubbäumen, wie etwa bei Zierkirschen oder Zieräpfeln, ist es eventuell noch nötig, Wildtriebe zu beseitigen. Der Pflegeschnitt wird vorzugsweise im Spätwinter erledigt, wenn keine strengen Fröste mehr zu erwarten sind. Kleinere Eingriffe, insbesondere das Ausputzen, sind auch im Sommer möglich und günstig, zumal dürre Zweige dann gut erkennbar sind.

Ziergehölze lassen sich durch einen kräftigen Rückschnitt zur Verzweigung anregen.

Freischneiden und Aufputzen

Im Garten sollen sich die Gehölze ausbreiten und schöne Kronen entwickeln. Oft werden jedoch schwächere Gehölze unterdrückt und verkümmern, wenn sie zu dicht stehen. Dann ist zu entscheiden, welcher Baum „wertvoller" und zu erhalten ist und welcher weichen muß oder zu beschneiden ist, so daß er die anderen nicht mehr bedrängt.
Selbstverständlich sollte man die optimalen Abstände schon bei der Pflanzung einhalten. Dennoch ist bei dichten Pflanzungen nach einigen Jahren das Freischneiden nötig, vor allem bei Hecken oder gemischten Grundstückseinfriedungen aus Bäumen und Sträuchern.
Bei Bäumen, die bis zum Boden beastet sind und dicht stehen oder mit Stauden unterpflanzt sind, müssen nach einiger Zeit die Stämme aufgeputzt werden. Das heißt: Die unteren, störenden Äste werden bis in eine gewünschte Kronenhöhe direkt am Stamm entfernt. Natürlich lassen sich auf diese Weise auch freistehende, bis zum Boden beastete Bäume in Kronenformen umwandeln. Dies sollte jedoch rechtzeitig geschehen, um das Absägen dicker Äste zu vermeiden.

Verjüngung

Alte Bäume sollten möglichst wenig geschnitten werden. Dennoch kann der Schnitt nötig sein, wenn beispielweise ein Ast stört oder eine Krone sehr verwildert ist. Starke Eingriffe sind grundsätzlich im Spätwinter und mit besonderer Sorgfalt zu erledigen. Größere Sägewunden brauchen eine Nachbehandlung mit einem Messer und einen Wundverschluß mit künstlicher Rinde. Beim Abtrennen dicker Äste ist außerdem das Ausreißen zu verhindern. Dazu werden sie stückweise abgesägt und vorsichtig aus der Krone genommen, ohne andere Äste zu beschädigen. Erst zum Schluß wird dann jeweils der übrig gebliebene Stummel direkt am Stamm abgetrennt.

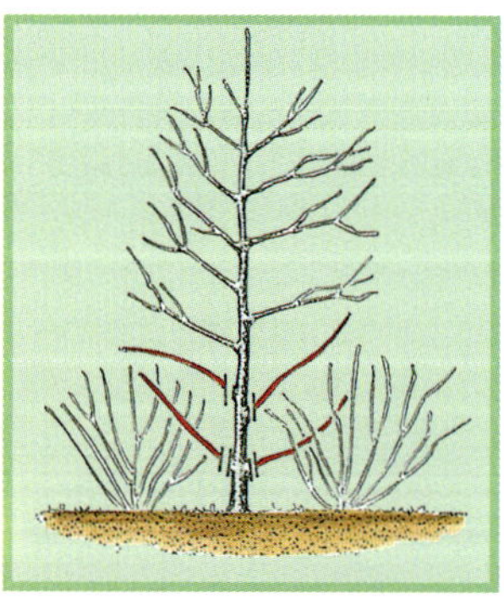

Bodennahe Äste entfernen.

Verletzungen an alten Bäumen – nicht nur durch den Schnitt, sondern auch durch Blitzschlag, Windbruch oder Baumaschinen – sind oft der Anfang vorzeitigen Verfalls. Besonders wenn die Wunden unbehandelt bleiben, dringt oft Wasser in den Holzkern ein und verursacht Fäulnis. Pilzkrankheiten lassen dann nicht lange auf sich warten und beschleunigen den Verfall. Schäden an alten Bäumen sind deshalb umgehend zu behandeln. Unter Umständen erfordert dies ein gründliches Ausschneiden bis ins gesunde Holz und einen umfassenden Wundverschluß. Bei sehr alten Bäumen läßt sich dadurch der Verfall allerdings nur verzögern. Manchmal ist es besser, einen jungen Baum nachzupflanzen, als einen alten Baum mit allen Mitteln zu erhalten.

Alte Bäume verpflanzen

„Einen alten Baum pflanzt man nicht um“ heißt eine alte Regel. Dennoch kann dies gelegentlich die letzte Rettung sein, wenn er zum Beispiel bei Bauarbeiten stört. Selbstverständlich ist dies nur bis zu einer bestimmten Größe und einem gewissen Alter machbar (und bezahlbar). Grundsätzlich werden solche Gehölze mit Ballen umgepflanzt. Sie verkraften dies leichter, wenn die Äste jeweils auf einen Seitentrieb zurückgeschnitten werden. Dadurch hat das beschädigte Wurzelwerk weniger Substanz zu versorgen, und der Baum wächst leichter an. Die Gestalt soll dabei möglichst erhalten bleiben. Vor allem bei Nadelgehölzen beschränkt sich der Rückschnitt beim Umpflanzen auf das Entfernen einiger störender Äste und das Zurückschneiden zu langer Zweige jeweils an einem Seitentrieb.

Die einzelnen Arten

Ahorn *(Acer)*

Vom Ahorn gibt es mehr als 30 Arten und davon wiederum viele Sorten (z. B. *A. palmatum* 'Dissec-

Der kleine Kugelahorn hat auch in Vorgärten und Innenhöfen genügend Raum zur Entwicklung seiner Krone.

tum'). Die baumartigen, wie etwa der Bergahorn (*A. pseudoplatanus*) und der Spitzahorn (*A. platanoides*), brauchen keinen besonderen Schnitt. Sie werden als Kronenbäume erzogen und so erhalten. Das gilt auch für ihre Sorten, zum Beispiel für den rotblättrigen Spitzahorn (*A. platanoides* 'Faassen's Black') oder den Kugelahorn (*A. platanoides* 'Globosum'). Beim Kugelahorn und anderen Veredelungen ist es wichtig, die Wildtriebe aus der Veredelungsunterlage zu entfernen. Der Silberahorn (*A. saccharinum*) wird mehrstämmig erzogen. Die „Krone“ beginnt praktisch direkt am Boden. Dementsprechend bleiben die Bodentriebe erhalten. Das gilt natürlich auch für alle strauchförmigen Ahorne, wie den Feldahorn (*A. campestre*), den Fächerahorn (*A. palmatum*), den Feuerahorn (*A. ginnala*). Ahorne bilden von Natur aus ein lichtes Geäst und brauchen kaum mit der Schere ausgelichtet werden.

Roßkastanie *(Aesculus)*

Von der Roßkastanie gibt es die Wildform (*A. hippocastanum*) und einige Veredelungen, wie etwa die rotblühende Roßkastanie (*A. x carnea*) und die fruchtlose Kastanie (*A. hippocastanum* 'Baumannii'). Sie werden als Kronenbäume erzogen und brauchen keinen besonderen Schnitt. Bei den Veredelungen sind allerdings die Wildtriebe am Stamm und am Boden zu entfernen.
Die Strauchroßkastanie (*A. parviflora*) ist ein ausläufertreibender Großstrauch, der etwa 3 bis 4 m Höhe erreicht und bis zu 10 m breit wird. Sie sollte ungehindert wachsen dürfen.

Götterbaum *(Ailanthus)*

Der mächtige Götterbaum (*A. altissima*) entwickelt eine lockere Krone und braucht nach der Erziehung keinen besonderen Schnitt. Es gibt einstämmige und mehrstämmige Exemplare.

Erle *(Alnus)*

Schwarzerlen (*A. glutinosa*) gedeihen oft an Wasserläufen und bilden dort Gruppen aus mehrstämmigen Exemplaren. Grauerlen (*A. incana*) bevorzugen eher durchlässige Standorte. Im Garten werden beide selten gepflanzt. Sie brauchen keinen Schnitt, sind aber äußerst verjüngungsfähig und treiben sogar dann wieder aus, wenn sie radikal bis zum Boden zurückgeschnitten werden.

Birke *(Betula)*

Birken gibt es als Bäume und Sträucher in etwa zwanzig Arten und zahlreichen Sorten. Die Bäume putzen sich, das heißt sie werfen die dürren Triebe im Kroneninneren selbst ab. Dabei kann man sie unterstützen und mit der Schere eingreifen.
Ansonsten brauchen weder die Stammformen (z. B. Sandbirke, Moorbirke), noch die Strauchformen (insbesondere Zwergbirken) einen besonderen Schnitt. Nur bei den Veredelungen, wie etwa der Trauerbirke (*B. verrucosa* 'Youngii'), müssen regelmäßig die Wildtriebe aus dem Stamm entfernt werden, die steil nach oben treiben. Zudem muß bei dieser Hängeform der Mitteleittrieb gestäbt werden, bis er die gewünschte Höhe erreicht hat.

Hainbuchen sind sehr schnittverträgliche Waldbäume; sie nehmen auch eine strenge Erziehung als Hecke hin.

Hainbuche *(Carpinus)*

Die heimische Hainbuche entwickelt sich in dichtem Bestand im Wald zu einem hohen Baum mit dickem Stamm. Bei freiem Stand bildet sie eine bis zum Boden beastete, kegelförmige Krone. In dieser Kulturform braucht sie keinen Schnitt. Wohl kein anderer Laubbaum ist aber auch so schnittverträglich wie die Hainbuche.
Deshalb werden Hainbuchen gerne für Hecken benutzt. Sie wachsen auf jedem Boden und behalten ihr braunes Laub bis zum neuen Austrieb im Frühjahr. Die starkwüchsigen Hainbuchenhecken müssen mindestens einmal im Jahr geschnitten werden. Das geschieht entweder im Sommer, nachdem sie den meisten Jahreszuwachs hervorgebracht haben, oder im Spätwinter vor dem Austrieb. Wer sie streng halten möchte, schneidet die Hecke am besten zweimal im Sommer. Im Winter wird dann nur das dürre Holz ausgeputzt.
Neben der Wildform gibt es einige Sorten, so etwa die Säulenhainbuche (*C. betulus* 'Columnaris'), die besonders dicht und schlank aufrecht wächst und beispielsweise als pflegeleichter Säulenbaum gut in den Vorgarten paßt.

Eßkastanie *(Castanea)*

Echte Kastanienbäume gehören zu den Buchengewächsen und entwickeln sich wie die Buchen zu mächtigen Bäumen – jedoch nur in mildem Klima, bei uns bestenfalls in

Weinbau-Regionen. An den Blättern, die den Buchenblättern leicht ähneln, kann man sie leicht von den Roßkastanien (*Aesculus hippocastanum*) unterscheiden.
Ein besonderer Schnitt ist nicht nötig, da Kastanienbäume, ähnlich wie Walnußbäume, lichte Kronen entwickeln und auch ohne Schnitt reichlich fruchten. Sie lassen sich als Kronenbäume oder auch als Stammbüsche ziehen (bis zum Boden beastet). Allerdings sind sie nicht selbstfruchtbar, das heißt, sie müssen von anderen Kastanienbäumen bestäubt werden. Dazu pflanzt man mehrere Bäume, eventuell in Gemeinschaft mit Nachbarn.

Trompetenbaum *(Catalpa)*

Der breitkronige, großblättrige Trompetenbaum (*Catalpa bignonioides*) braucht freien Stand und bietet sich vorzüglich als kleiner, schattenspendender Hausbaum an. Die geweihartigen Zweige sollten möglichst unbeschnitten bleiben, da sie im Sommer ihre Blütenkerzen (ähnlich der Roßkastanie) hervorbringen. Die Jungpflanzen sind nicht ganz frosthart. Ein geschützter Stand beziehungsweise ein Frostschutz in den ersten Jahren nach der Pflanzung ist deshalb günstig.

Katsurabaum *(Cercidiphyllum)*

Der Katsurabaum (*C. japonicum*) ist in seiner japanischen Heimat mit etwa 30 m Kronenhöhe eines der größten Laubgehölze. Gewöhnlich wächst er – etwa wie unsere Erlen – mehrstämmig. Außer dem Ausputzen dürrer Äste ist kein Schnitt nötig.

Vom Trompetenbaum gibt es eine kleinkronige Züchtung (C. bignonioides 'Nana')

Der Katsurabaum macht sich besonders durch seine leuchtende Herbstfärbung bemerkbar.

Ölweide *(Elaeagnus angustifolia)*

Die Ölweide (*E. angustifolia*) ist ein dem Sanddorn ähnlicher großer Strauch beziehungsweise kleiner Baum für trockene, sonnige Plätze mit sparrigen, dornigen Trieben und zahlreichen stark duftenden Blütchen, die sich im Juni öffnen. Bis auf das Entfernen störender Wurzelausläufer braucht die Ölweide keinerlei Pflege, es sei denn, sie wird nicht als Strauch, sondern als

Bäumchen gezogen. Dann ist der Stamm immer wieder freizuschneiden, das heißt Stamm- und Stockausschläge sind bis zur gewünschten Kronenhöhe zu entfernen.

Buche *(Fagus)*

Buchen sind mächtige Waldbäume, die in engem Stand gerade Stämme ohne Verzweigung bilden, in freiem Stand ohne Bedrängung aber eine breite Krone entwickeln. Nach der Erziehung zu Hochstämmen und dem Aufputzen des Stamms bis zur gewünschten Kronenhöhe brauchen einzelne Rotbuchen-Exemplare (*Fagus silvatica*) keinen Schnitt. Falls nötig, wird die Krone nur ausgelichtet und der Mittelleittrieb von Konkurrenztrieben befreit und gerade gerichtet.
Rotbuchen lassen sich aber auch streng als Hecken ziehen. Dann müssen diese starkwüchsigen Gehölze regelmäßig getrimmt (mit der Heckenschere in Form gebracht) werden. Bei Hängeformen (z. B. *F. silvatica* 'Pendula') muß der Mitteltrieb immer wieder gestäbt werden. Bei Veredelungen (z. B. rotlaubige Sorten) sind die Wildtriebe aus der Veredelungsunterlage zu beseitigen.

Die Manna -Esche zeichnet sich durch ihre üppigen Blüten aus. Der kleine Baum paßt in jeden Garten.

Esche *(Fraxinus)*

Die Gemeine Esche entfaltet bei freiem Stand eine mächtige, bis 40 m hohe Krone. Der Baum verlängert sein gleichmäßiges Geäst aus dicken Terminalknospen. Korrekturen sind kaum nötig, zumal die jungen, oft meterlangen Jahrestriebe gerade aufrecht beziehungsweise vom Stamm weg nach außen wachsen. Nur bei Veredelungen, wie etwa bei der Hänge-Esche (*F. excelsior* 'Pendula'), müssen immer wieder Wildtriebe entfernt werden. Als Alternative zur Gemeinen Esche eignet sich die Manna-Esche (*F. ornus*), die ihr im Wuchs ähnelt, aber nur 10 m Höhe erreicht.

Lederhülsenbaum *(Gleditsia)*

Die Gleditschie (*G. triacanthos*) gedeiht auf sandigen Böden und verträgt Trockenheit. Nach der

Gleditsien brauchen genügend Raum zur Entwicklung ihrer breiten Kronen.

Erziehung eines Stämmchens braucht sie keinen besonderen Schnitt; sie entwickelt eine lichte, etwa 20 m hohe und breite Krone. Die dornigen Zweige sind allerdings ziemlich brüchig. Falls nötig, müssen – etwa nach einem Sturm – die abgebrochenen Zweige jeweils auf einen Seitenzweig zurückgeschnitten werden.

Nußbaum *(Juglans)*

Walnußbäume (*Juglans regia*) entwickeln mächtige, bis zu 30 m hohe und breite Kronen. Sie brauchen entsprechend viel Platz. Wo dieser nicht verfügbar ist, bieten sich statt der Sämlinge die kleiner bleibenden, veredelten Bäume an, die immerhin 10 m Kronendurchmesser erreichen. Nur wenn der Frost die Bäume beschädigt, brauchen sie einen Schnitt, wobei die geschädigten Zweige bis ins gesunde Holz zurückgeschnitten werden. Ansonsten sind nur wenige Eingriffe nötig, zumal streng symmetrische Kronen kaum erziehbar sind und Nußbäume ohnehin lichte Kronen entwickeln.

Tulpenbaum *(Liriodendron)*

Der Nordamerikanische Tulpenbaum (*L. tulipifera*) hat seinen Namen wegen der tulpenförmigen Blüten. Er entwickelt in freiem Stand eine 40 bis 60 m hohe, nicht allzu breite Krone. Nach der Erziehung ist kein besonderer Schnitt nötig.

Zierapfel *(Malus)*

Die Zierapfel-Arten und -Sorten sind nach der Erziehung zum Hochstamm, Halbstamm oder Buschbaum grundsätzlich nur auszulichten, ebenso wie die Frucht-Sorten. Wildtriebe müssen bei Veredelungen entfernt werden.

Den Sommer über trägt der Tulpenbaum tulpenförmige Blätter.

Zierapfelbäume sind im Frühjahr eine Schau.

Mispel *(Mespilus)*

Die heimische Mispel (*M. germanica*) ist ein kleines Fruchtgehölz und im Wuchs Apfelbuschbäumen oder Quitten ähnlich. Ebenso wird sie behandelt: Ein gelegentlicher Auslichtungsschnitt im Spätwinter genügt.

Maulbeerbaum *(Morus)*

Der Weiße und der Schwarze Maulbeerbaum (*M. alba* und *M. nigra*) bilden kleine kugelige Kronen auf kurzem Stamm. Sie sind ausreichend frosthart, robust und pflegeleicht und fruchten reich und regelmäßig. Einen speziellen Schnitt brauchen sie grundsätzlich nicht.

Südbuche *(Nothofagus)*

Die Schein- oder Südbuche (*N. antarctica*) entwickelt sich in Chile zu einem großen Baum. In Mitteleuropa wächst sie strauchförmig und erreicht allenfalls 5 bis 10 m Höhe. Ihr bizarres Geäst darf nicht geschnitten werden.

Blauglockenbaum *(Paulownia)*

Diese prächtigen, breitkronigen Bäume eignen sich nur für milde Regionen, weil selbst alte Exemplare bei strengem Frost bis ins alte Holz zurückfrieren und dann entsprechend zurückzuschneiden sind. Ein Schnitt ist jedoch unter normalen Umständen, also bei günstigen Wachstumsbedingungen zu vermeiden, damit weder der malerische Wuchs noch die Blütenknospen beeinträchtigt werden.

Solche Exemplare – hier im Botanischen Garten Regensburg – sind in Deutschland selten, obwohl sie nach einer kritischen Jugend zunehmend frosthärter werden.

Platanen sind an der schuppigen Rinde erkennbar. Alte Bäume bilden ein prächtiges Astwerk.

Platane *(Platanus)*

Platanen sind mächtige Parkbäume mit lichten Kronen und schönen, schuppigen Stämmen. Als solche brauchen sie nach der Erziehung und Kronenbildung keinen Schnitt. Gelegentlich werden sie auch streng gestutzt und als Kugelbäume gezogen, was sie wegen ihres harten Holzes gut verkraften. Dann müssen die Jahrestriebe, die sich infolge des starken Rückschnitts kräftig entwickeln, jedes Jahr bis auf wenige Augen beziehungsweise auf kurze Stummel zurückgeschnitten werden.

Pappel *(Populus)*

Pappeln sind die am schnellsten wachsenden europäischen Bäume. Es gibt säulenförmige Arten (*P. nigra* 'Italica') und breitkronige (*P. alba*). Eine Besonderheit ist die Riesenblattpappel (*P. lasiocarpa*), die nur etwa 10 m hoch wird, aber etwa 30 cm lange Blätter entwickelt. Pappeln müssen gelegentlich ausgeputzt werden. Oft sterben Zweige ab, die zu beseitigen sind. Dies geschieht am besten bereits nach der Erziehung von Jugend an.

Kirschbaum *(Prunus)*

Die Gattung *Prunus* umfaßt neben den Obstgehölzen eine Reihe von Zierarten. Sommergrüne Arten und Sorten, wie beispielsweise Vogelkirschen (*P. avium*) oder die Japanischen Zierkirschen (z. B. *P. serrulata*), sollten nach der Erziehung nur ausgelichtet werden, zumal der Schnitt den Gummifluß verstärkt. Wildtriebe aus der Veredelungsunterlage müssen jedoch umgehend entfernt werden, weil sie vor allem bei kleinen Sorten die erhaltenswerte edle Krone bald verdrängen. Auch dürres Holz ist immer wieder auszuputzen. Es läßt sich am besten im Sommer erkennen und beseitigen. Heimische *Prunus*-Wildarten, wie die Traubenkirsche (*P. padus*), brauchen in der Regel keinen Schnitt.

Zierkirschen wie Prunus serrulata *blühen kurz, aber üppig. Die kleinen Bäume eignen sich als Solitärs oder für gemischte Hecken.*

„Mandelbäumchen“ sind kleine Zierkirschen. Sie tragen keine Früchte!

Mandelbäumchen *(Prunus triloba)*

Das sogenannte Mandelbäumchen, eigentlich eine Zierkirsche, sollte regelmäßig nach der Blüte ausgelichtet werden, um die Entwicklung neuer Blütentriebe für das nächste Jahr zu fördern. Das gilt auch für die Strauchform. Dieses Ziergehölz entwickelt übrigens keine Früchte. Mandeln bringt nur das echte Mandelbäumchen (*P. dulcis*) hervor, das jedoch bei uns nicht ganz winterhart ist.

Flügelnuß *(Pterocarya)*

Dieser in seiner kaukasischen Heimat mächtige Baum kommt in durchschnittlichem mitteleuropäischem Klima oft nicht richtig hoch und kümmert im Jugendstadium – gleichermaßen wie andere majestätische Exoten, z. B. Blauschotenbaum, Eßkastanie, Zeder. Wo er – etwa in begünstigten Regionen – gut gedeiht, braucht er keinen besonderen Schnitt.

Eiche *(Quercus)*

In freiem Stand breiten Eichen eine mächtige Krone mit dicken Ästen aus. Dazu brauchen sie keinen besonderen Schnitt; ebensowenig wie Säuleneichen (*Qu. robur* 'Fastigiata'), die schlanke Bäume bilden, oder wintergrüne Eichen (*Qu.* x *turneri*), die kleine Bäumchen mit etwa 5 bis 10 m Höhe entwickeln.

Robinie, Scheinakazie *(Robinia)*

Robinien oder „Akazien“ (*R. pseudoacacia*) stammen ursprünglich aus Nordamerika. Ihre Vitalität, ihre Schnellwüchsigkeit und der Drang zur Ausläuferbildung sind ungewöhnlich. Die Ansiedlung von Robinien ist deshalb sehr zu bedenken. Wo sie

„Kugelakazien“ sind keine echten Akazien, sondern veredelte, kleinkronige Robinien.

Platz haben und ungehindert wachsen können, bilden sie bald ein Wäldchen. Außer der Eindämmung von Wurzelausläufern und dem Ausputzen dürrer Zweige brauchen sie nach der Erziehung keinen Schnitt. Bei veredelten Sorten, wie etwa der Kugelakazie 'Umbraculifera', die eine schöne kleine Krone bildet, sind immer wieder Wildtriebe zu beseitigen. Leider vergreist die sehr dichte Krone früh, so daß viele Zweige dürr werden, die dann auszuputzen sind. Die strauchförmigen Robinien, wie etwa die rosablühende Rosenakazie (*R. hispida*), sind gelegentlich auszulichten.

Weide *(Salix)*

Von der Weide gibt es Bäume (z. B. *S. alba*), große Sträucher (z. B. *S. caprea*) und Zwergsträucher (z. B. *S. helvetica*). Es sind Gehölze mit weichem, elastischem Holz, die – mit Ausnahme der Zwergweiden – sehr schnell wachsen und leicht auseinanderfallen. Diese sogenannte Schleppenbildung ist im Garten meist unerwünscht und durch den Schnitt einzuschränken.

Bei den Baumformen, so etwa bei der Silberweide (*S. alba*) oder deren Trauerform 'Tristis', sind immer wieder dürre Zweige auszuputzen, bevor sie abbrechen und Schäden verursachen. Sehr vergreiste und brüchige Weidenbäume vertragen auch einen kräftigen Rückschnitt, nach dem sie sich bald wieder verjüngen.
Bei Hängekätzchenweiden (*S. caprea* 'Pendula') empfiehlt es sich, die Triebe nach der Blüte einzukürzen und auszulichten, um den Austrieb neuer Blütentriebe für das nächste Jahr anzuregen.
Auch alle anderen „Kätzchenweiden" werden grundsätzlich erst nach der Blüte geschnitten – falls nötig.
Bei sogenannten Kopfweiden – das können Korbweiden (*S. viminalis*) oder auch andere baumförmige Arten sein – ist jedes Jahr im Spätwinter ein radikaler Rückschnitt bis auf wenige Augen (Knospen) nötig, damit sie ihre typischen „Köpfe" behalten. Die langen, elastischen Jahrestriebe werden für Flechtwerk genutzt.
Die kompakteren Strauchweiden-Arten, wie etwa *S. magnifica* oder *S. hastata*, werden nur ausgelichtet.

Schnurbaum *(Sophora)*

Der breitkronige Baum (*S. japonica*) mit gefiederten Blättern und langen, gelblichen Schmetterlingsblüten ist in der Jugend ein wenig frostempfindlich. In den ersten Jahren nach der Pflanzung empfiehlt sich ein Frostschutz. Im Alter ist der Baum robust und braucht keinen Schnitt

Die Blüten des Schnurbaums sind für Bienen wertvoll.

Eberesche *(Sorbus)*

Ebereschen sind kleine Bäume mit lichten Kronen, die reich und regelmäßig blühen und fruchten. Einen Schnitt brauchen sie nur zur Erziehung. Später sind allenfalls dürre Triebe und bei veredelten Bäumen (z. B. *S. aucuparia* 'Moravica') Wildtriebe zu beseitigen. Vor allem die dicken Blütenknospen an den Triebspitzen sollten geschont werden.

Linde *(Tilia)*

Linden sind große Laubbäume, die im dichten Bestand von Mischwäldern gerade Stämme ohne ausgeprägte Äste bilden. In freiem Stand breiten sie dagegen mächtige Kronen aus.
In der Jugend werden störende Triebe entfernt. Nach der Kronenerziehung ist kein besonderer Schnitt nötig. Erst im Alter brauchen Linden wieder Pflege, zumal das weiche Holz leicht von Schädlingen befallen wird. Dabei ist die Wundbehandlung besonders wichtig.
Gelegentlich sieht man Linden als „Kopfbäume" (z. B. in barocken Gärten). Solche Bäume werden regelmäßig radikal gestutzt, so daß sich wie bei Kopfweiden kleine, besenartige Kronen bilden.

Neben den gewöhnlichen, wilden Vogelbeerbäumen, gibt es Sorten mit bitterstofffreien Früchten.

Ulme *(Ulmus)*

Ulmen sind besonders stark vom Aussterben bedroht. Verursacher ist ein Käfer, der in der Rinde lebt und eine Pilzkrankheit überträgt. Befallene Bäume können meist nicht mehr gerettet werden, weil der Pilz die Saftbahnen abschnürt. Bei erkrankten Ulmen sind die befallenen Zweige unverzüglich bis ins gesunde Holz zurückzuschneiden.
Ansonsten brauchen weder die strauchförmigen (z. B. *U. carpinifolia*) noch die mächtigen baumförmigen Arten (z. B. *U. glabra*) einen Schnitt. Nur bei Veredelungen, wie etwa bei der Hängeulme (*U. glabra* 'Pendula') oder

Zelkovie *(Zelkova)*

Zelkovien (*Z. carpinifolia*) sind der Feldulme ähnliche Bäume, die meistens mehrstämmig wachsen oder kurze Stämme bilden. Sie entwickeln kein symmetrisches Astwerk mit Mittelleittrieb, sondern eine dichte, buschige Krone. Der Schnitt beschränkt sich auf das Ausputzen dürrer Zweige und das Aufputzen (Entasten) des Stammes bis zur gewünschten Kronenhöhe.

der Goldulme (*U. carpinifolia* 'Wredei'), müssen Wildtriebe aus der Veredelungsunterlage entfernt werden. Zur Erziehung der Hängeulme ist Stäben und Aufbinden nötig.

Goldulmen werden auf die Feldulme veredelt.

Die Zelkovie (Z. carpinifolia) stammt aus Kleinasien. Bei uns ist dieser Baum selten.

Der Schnitt der Ziersträucher

Vor jedem Rückschnitt sollte immer die gewünschte Wirkung beachtet werden. Das Abschneiden irgendwelcher Triebe bringt nichts.

Erziehung sommer- und wintergrüner Arten

Sträucher werden natürlich anders behandelt als Bäume. Sie sollen ja keinen Stamm, sondern vielverzweigte Büsche bilden. Bei der Erziehung kürzt man gut angeordnete, erhaltenswerte Triebe ein, damit sie sich kräftigen und verzweigen. Alle störenden, insbesondere die schwachen und nach innen wachsenden Triebe, werden gleichermaßen wie bei der Kronenerziehung entfernt. Veredelte Sträucher wie Zaubernuß oder Korkenzieherhasel sind meistens auf wüchsige Unterlagen (Sämlinge) veredelt, die durchtreiben, wenn sie nicht rechtzeitig entfernt werden. Gewöhnlich sind die Wildtriebe gut erkennbar, weil sie sich von den Veredelungen unterscheiden. Wenn nicht, lassen sich die Wildtriebe anhand der Veredelungsstelle finden, die an einer Verdickung in Bodennähe beziehungsweise am Kronenansatz zu erkennen ist: Wildtriebe wachsen unterhalb der Veredelungsstelle aus dem Boden oder aus dem Stamm und werden gründlich entfernt. Immergrüne Gehölze brauchen in der Regel weder einen Pflanzschnitt, weil sie mit Ballen gepflanzt werden und auch ohne Rückschnitt gut anwachsen, noch einen Erziehungsschnitt. Denn sie bilden von Natur aus kein symmetrisches Kronengerüst und haben deshalb auch keine Korrekturen nötig. Nur bei streng gezogenen Formen, wie etwa Kegeln, Kugeln und dergleichen, ist der Schnitt von Jugend an wichtig.

Ein starker Rückschnitt bei der Pflanzung erleichtert das Anwachsen.

Auslichten

Der Pflegeschnitt bei den sommergrünen Sträuchern beschränkt sich im allgemeinen auf das Auslichten. Es genügt in der Regel, gelegentlich einige zu eng stehende alte Äste am Boden zu entfernen, um die Entwicklung junger Triebe zu fördern und

auch den lockeren Wuchs zu bewahren.
Die Triebspitzen werden nicht eingekürzt, sonst verzweigen sich die Triebe und die Sträucher zu dicht und besenartig. Halbsträucher wie die Bartblume (*Caryopteris*) sind im Unterschied zu den Sträuchern nicht völlig frosthart und frieren im Winter bis zum Boden zurück.
Sie werden entsprechend radikal zurückgeschnitten. Danach verjüngen sie sich im Sommer wieder.
Natürlich wird jedes Gehölz je nach Art ein wenig anders geschnitten; die Sonderbehandlungen sind aus den speziellen Beschreibungen ersichtlich.

Der Buchsbaum ist in jeder beliebigen Form erziehbar. Allerdings verträgt er einen Rückschnitt ins alte Holz schlecht.

Sonderfall: Immergrüne

Immergrüne wie Rhododendron, Buchsbaum und Kirschlorbeer sind durchaus schnittverträglich. Sie brauchen aber in der Regel keinen besonderen Schnitt. Allerdings lassen sich ältere Sträucher dieser Arten verjüngen, wenn sie beispielsweise unten verkahlen oder bei strengem Frost zurückfrieren. Da sie in der Regel ziemlich langsam wachsen, dauert es einige Jahre, bis sie sich nach einem scharfen Eingriff erneuert haben. Am besten vertragen sie dies im zeitigen Frühjahr. Den Rückschnitt einzelner, etwa zu langstieliger Zweige verkraften sie aber jederzeit. Die beschnittenen Zweige sollten noch einige Blätter behalten. Das begünstigt den neuen Austrieb.

Formschnitt

Einige Gehölzarten eignen sich besonders gut zum Formieren und bieten sich als Gestaltungselemente an, insbesondere für Hecken oder für Sonderformen; so etwa die Buchsbäume für Beeteinfassungen oder die Weiden als sogenannte Kopfweiden.
Der Schnitt unterscheidet sich je nach Art des Gehölzes und Form der gewünschten Figur. So bekommen Buchskugeln oder Ligusterkegel den strengen Schnitt wie Formschnitthecken jeweils im Sommer, sobald sie den Hauptzuwachs vollendet haben. Das geschieht mit der Heckenschere. Kopf-

weiden und kompakte Lindenköpfe und dergleichen werden immer wieder im Winter mit der Astschere in Form gebracht.

Schnitthecken

Kleine Hecken sind noch mit einer Handschere zu schaffen. Die beste Zeit dazu ist etwa Ende Juni.

Dichte Pflanzstreifen aus Gehölzen sind willkommene Grundstückseinfriedungen, zumal sie je nach Gehölzart in verschiedenen Höhen gezogen werden können und rund ums Jahr grün oder bunt sind. Hecken lassen sich streng oder locker gestalten. Eine Formschnitthecke entsteht aus schnittverträglichen Laub- oder Nadelgehölzen, die dicht in eine Reihe gepflanzt werden, und zwar in der Regel drei bis vier Pflanzen pro Meter. Nach dem Anwachsen wird die Hecke bald dicht, wenn sie jedes Jahr etwa Ende Juni, sobald sie den Hauptzuwachs vollendet hat und nur noch wenig wächst, den regelmäßigen Schnitt erhält.

In den ersten Jahren nach der Pflanzung werden nur die Flanken getrimmt. Das heißt, man schneidet die Hecke nur an den Seiten, und zwar so, daß sie unten breiter ist als oben. Durch diese konische, sich nach oben verjüngende Form bekommt sie überall genügend Sonnenlicht – anders als bei senkrechten oder gar oben breiteren Flanken. Beim Trimmen mit der Heckenschere werden immer nur die Jahrestriebe eingekürzt. Der Schnitt ins alte Holz ist zu vermeiden, vor allem bei Nadelholzhecken, die verkahlen, wenn die Seiten zu stark zurückgeschnitten werden. Oben bleibt die junge Hecke zunächst unbeschnitten, bis sie die gewünschte Höhe erreicht hat. Erst dann wird sie – wie an den Flanken – auch oben jährlich getrimmt. Der Formschnitt frei Hand erfordert Übung. Wichtig ist, daß die Heckenschere beim Schnitt der Flanken flach angesetzt und von unten nach oben gleichmäßig durchgezogen wird. Bei starkwüchsigen Hecken (Buchen, Feldahorn) ist es besser, zunächst den Grobschnitt zu erledigen und dann fein nachzuschneiden, als gleich bis zur gewünschten Tiefe vorzudringen. Dadurch lassen sich Löcher (Kahlstellen) in den Flanken vermeiden. Bei starkwüchsigen Hecken kann ein zweiter Schnitt im Sommer durchgeführt werden. Spätestens Ende August sollte der Schnitt jedoch vollendet sein, denn danach wächst die Hecke nicht mehr und sieht bis zum nächsten Frühjahr ziemlich gerupft aus. Beim Heckenschnitt im Sommer ist auf brütende Vögel zu achten. Falls nötig, wird erst geschnitten, wenn die Jungen flügge sind.

Freiwachsende Hecken

Freiwachsende Hecken, etwa aus heimischen Wildsträuchern wie Schlehen, Kornelkirschen oder Wildrosen, oder Blütenhecken aus Forsythien, Weigelien und anderen Blütensträuchern, werden locker gepflanzt und erzogen. Jeder Strauch in der Hecke bekommt soviel Raum, daß er sich ausreichend entfalten kann und dennoch dicht mit den benachbarten Sträuchern zusammenwächst. Der Schnitt beschränkt sich im wesentlichen auf das Auslichten zu dichter Sträucher, wobei immer nur einige alte Zweige direkt am Boden abgeschnitten werden. Die Sträucher verjüngen sich dadurch ständig und bleiben wüchsig und blühfähig. An den Triebspitzen wird nichts geschnitten, sonst verlieren sie den lockeren, natürlichen Wuchs und sehen besenartig aus.
Die beste Zeit zum Auslichten der Wildstrauch- und Blütenhecken ist im Spätwinter. Bei frühblühenden Gehölzen, wie etwa Forsythien, Zierjohannisbeeren, ist es jedoch besser, bis nach der Blüte zu warten, da dann keine Blütenknospen verloren gehen und sie den Schnitt auch später noch gut vertragen. Bei mehrreihigen Verbänden aus Groß- und Kleinsträuchern stehen die großen Gehölze, wie etwa Hainbuchen, Feldahorn oder Kornelkirschen, in der Mitte und sind mit Heckenkirschen, Wildrosen und anderen unterpflanzt. Hier wird in den ersten Jahren nur ausgelichtet. Später, wenn sich die Gehölze bedrängen, empfiehlt es sich, die Großgehölze aufzuputzen, damit die kleineren mehr Platz haben. Dabei werden die Stämme freigeschnitten und die unteren Äste bis in eine gewünschte Kronenhöhe entfernt.

Wildsträucher wachsen zu dichten Gehölzgruppen zusammen, die allerdings recht viel Raum einnehmen.

Die Hängekätzchenweide bleibt vital und blühfähig, indem die Triebe nach der Blüte zurückschnitten werden.

Besondere Wuchsformen

Gehölze mit ungewöhnlichen Formen, wie zum Beispiel Hängeweiden und Trauerbirken, Säulenhainbuchen und Säulenwacholder, Kriechmispeln und Kriechwacholder, brauchen eine spezielle Behandlung, die ihren Formen entspricht. Gewöhnlich genügt es bei diesen Arten und Sorten, abweichende Triebe zu beseitigen, also steile Triebe bei Hängeformen, insbesondere Wildtriebe aus der Veredelungsunterlage (z. B. bei Hängezierkirschen oder beim Kugelahorn) oder überhängende Triebe bei Säulenformen (z. B. bei windzerzausten Säulenwacholdern) zu entfernen. Sonst werden sie wie andere Gehölze je nach Art nur ausgelichtet und ausgeputzt (von dürrem Holz befreit).

Nur wenige Sonderformen brauchen eine besondere Behandlung, so etwa die Kopfweiden, die jedes Jahr im Winter radikal gestutzt werden, und selbstverständlich auch die „künstlichen" Formen

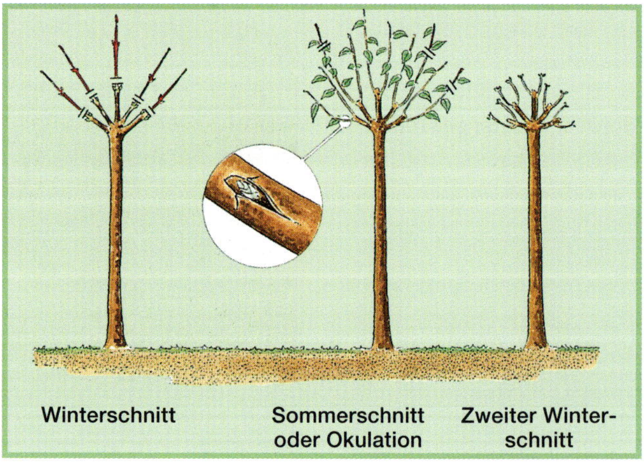

Bei besonderen Kronenformen werden Jungpflanzen in der gewünschten Höhe im Sommer okuliert oder im Frühjahr gepfropft.

wie etwa Buchsbaumkegel, Eibenpyramiden und dergleichen, die wie Formschnitthecken zu behandeln sind.

Die einzelnen Arten

Feldahorn *(Acer campestre)*

und andere Arten – siehe Seite 72.

Felsenbirne *(Amelanchier)*

Felsenbirnen sind locker wachsende Sträucher, die reichlich blühen und fruchten, deren eßbare Früchte aber eher eine Ähnlichkeit mit Heidelbeeren haben als mit Birnen. *Amelanchier* brauchen grundsätzlich keinen Schnitt, zumal sie recht locker wachsen.

Apfelbeere *(Aronia)*

Die Apfelbeere ist im Wuchs der Felsenbirne ähnlich und braucht wie diese keinen Schnitt, da sie sehr lockere Büsche entwickelt und auch ohne Schnitt regelmäßig blüht und fruchtet. Man kann sie aber auch als Stämmchen ziehen.

Berberitze *(Berberis)*

Berberitzen gibt es als sommergrüne und immergrüne Sträucher mit dornigen Trieben. Wo sehr dichte Sträucher gewünscht werden (etwa bei Hecken oder als Vogelschutz), läßt man sie ungehindert wachsen. Ansonsten werden sie nur gelegentlich ein wenig ausgelichtet. Die meisten Sorten von *Berberis thunbergii* eignen sich für Schnitthecken. Die immergrünen Arten frieren bei strengem Frost manchmal zurück. Dies erfordert dann im Frühjahr einen kräftigen Rückschnitt, den sie gut vertragen. Sie verjüngen sich danach bis zum Sommer wieder.

Die Felsenbirne (o.) entwickelt einen kräftigen Strauch, der im Frühjahr blüht und im Sommer eßbare Früchte trägt.

Berberitzen (u.) vertragen einen Formschnitt. Besser blühen aber unbeschnittene Büsche.

Sommerflieder *(Buddleja)*

Sommerflieder sind sehr buschige Sträucher, die an den einjährigen Trieben blühen, also an denen, die sich vom Frühjahr bis zum Sommer entwickeln. Sie werden im Frühjahr nur ausgeputzt, wobei schwache Triebe und die alten Blütenstände vom Vorjahr zu entfernen sind. Sie vertragen aber auch einen kräftigen Rückschnitt, der nötig ist, wenn die Triebe Frostschäden erlitten haben.
Am besten schneidet man sie zur Zeit des Austriebs zurück, etwa im April, wenn offensichtlich ist, wie weit sie zurückgefroren sind. Gesunde Triebe bleiben erhalten oder werden nur eingekürzt. Selbst nach einem kräftigen Rückschnitt verjüngt sich der Sommerflieder bereits im selben Jahr wieder und bringt Blüten hervor.

Buchsbäume bilden unbeschnitten bis 5 m hohe Büsche. Sie lassen sich aber auch als kniehohe Einfassungen halten.

Der Sommerflieder erholt sich nach einem strengen Winter wieder, wenn er bis zur Basis zurückgeschnitten wird.

Buchsbaum *(Buxus)*

Das wohl schnittverträglichste immergrüne Laubgehölz ist der Buchsbaum. Er läßt sich streng formieren und dient oft für niedrige Beeteinfassungen, Kegel-, Kugel- und andere Formen. Formschnitt-Buchs wird vorzugsweise im Frühsommer getrimmt (in Form gebracht), wenn er den Hauptzuwachs vollendet hat und bis zum Herbst nicht mehr viel wächst. Beim Trimmen kürzt man nur die jungen Spitzen ein. Ins alte Holz sollte nicht geschnitten werden. Nur bei Frostschäden ist eine Verjüngung im Frühjahr nötig. Es dauert aber ziemlich lange, bis sich verjüngte Buchsbäumchen wieder richtig entwickeln. Freiwachsende Buchsbäume brauchen wie andere immergrüne Laubgehölze keinen Schnitt.

Schönfrucht *(Callicarpa)*

Der wegen seiner leuchtend violetten Früchte auch als Liebesperlenstrauch bekannte *Callicar-*

pa bodinieri sollte wenig geschnitten werden. Er bleibt ohnehin klein und locker im Wuchs. Zweige, die für die Vase geschnitten werden, bilden sich wieder nach. Jungpflanzen, die frostempfindlich sind, verjüngen sich nach einem kräftigen Rückschnitt wieder.

Besenheide *(Calluna)*

Die Besen- oder Sommerheide, (die Sorten blühen- von Juli bis September) ist wie die im Winter blühende Schneeheide (*Erica*) eine immergrüne Moorbeetpflanze und braucht sauren Boden.
In der Natur bildet sie breite Büsche, die mit der Zeit auseinanderfallen. Im Garten bleibt sie kompakt und buschig, wenn man sie im Frühjahr kräftig zurückschneidet. Dazu faßt man den Strauch mit einer Hand zusammen und schneidet diesen Büschel mit der Schere ab. Ein Schnitt ins alte Holz ist jedoch zu vermeiden. Nur die jungen Triebe vom Vorjahr werden kurz geschnitten. Bis zum Sommer bilden sich dann wieder viele Blütentriebe.

Gewürzstrauch *(Calycanthus)*

Gewürzsträucher aus Nordamerika sind kleine, kugelige Büsche, die auf jedem guten Gartenboden gedeihen und keine besondere Pflege brauchen – insbesondere keinen Schnitt. Vor allem der echte Gewürzstrauch (*C. floridus*) entfaltet im Sommer viele duftende Blütchen. Aber auch die Blätter und das Holz enthalten Aromastoffe.

Erbsenstrauch *(Caragana)*

Diese Sträucher aus Mittelasien, insbesondere *C. arborescens*, sind sehr trockenheitsresistent und robust. Deshalb passen sie gut in gemischte Hecken. Bis zum Herbst bringen sie gelbe Schmetterlingsblüten hervor, aus denen sich die typischen Fruchtschoten entwickeln. Wie die meisten anderen Blütensträucher werden sie nur gelegentlich ausgelichtet. Es gibt auch eine Hängeform, die auf ein Stämmchen veredelt ist. Bei ihr sind Wildtriebe aus dem Boden oder aus dem Stämmchen immer wieder zu entfernen.

Bartblume *(Caryopteris)*

Bartblumen sind Halbsträucher, das heißt sie frieren im Winter meistens bis zum Boden zurück. Nach einem scharfen Rückschnitt im Frühjahr

Die Bartblume blüht im Sommer an einjährigen Trieben. Sie kann deshalb im Frühjahr bis knapp über dem Boden zurückgeschnitten werden.

(wie bei Stauden bis zum Boden) treiben sie aber kräftig aus und bilden im Sommer bereits wieder üppige Büsche, die bis in den Herbst hinein blühen.

Zierquitte *(Choenomeles)*

Zierquitten sind ideale Sträucher für kleine, dichte Hecken. Die dornigen Triebe machen sie undurchdringlich. Sie blühen und fruchten reichlich, sind völlig robust und brauchen keine Pflege und keinen Schnitt.

Zierquitten bringen Früchte hervor, die sich zum Konservieren eignen.

Schneeflockenstrauch *(Chionanthus)*

Der Schneeflockenstrauch empfiehlt sich nur für günstige Standorte, weil er in exponierten Lagen – vor allem in den ersten Jahren nach der Pflanzung – kümmert. Außer dem gelegentlichen Auslichten braucht er keinen Schnitt.

Blasenstrauch *(Colutea)*

Der Blasenstrauch gehört wie der Erbsenstrauch zu den Leguminosen (Stickstoffsammler) und gedeiht wie dieser auf mageren, sandigen, trockenen Böden. Er verträgt den Schnitt, braucht jedoch nur gelegentlich ausgelichtet werden.

Hartriegel *(Cornus)*

Es gibt eine Reihe verschiedener Hartriegel, die alle kräftige, lockere Büsche bilden: die Kornelkirsche (*C. mas*), die wegen ihrer Blüten im Spätwinter und der guten Früchte im Spätsommer bekannt ist, die rotholzigen und gelbholzigen Hartriegel (*C. alba* 'Sibirica' und *C. stolonifera* 'Flaviramea') sowie den Blumenhartriegel (*C. kousa*), der sich durch besondere Blüten auszeichnen.
Alle Hartriegel sind sehr schnittverträglich. Kornelkirschen lassen sich sogar als Formschnitthecken ziehen. Allerdings sollten alle Arten möglichst wenig beschnitten werden, weil der Schnitt das schöne Holz oder die Blüten beeinträchtigt. Nur die Wurzelausläufer, die manche Arten gerne entwickeln, sind regelmäßig zu entfernen.

Scheinhasel *(Corylopsis)*

Dieser kleine, sparrige Strauch ist im Wuchs der Zaubernuß (*Hamamelis*) ähnlich, zu deren Familie er auch gehört. Wie die Zaubernuß blüht die Scheinhasel (*C. pauciflora*) bereits im Spätwinter. Falls nötig, lichtet man sie deshalb erst nach der Blüte aus. Ein Pflegeschnitt ist unnötig.

Haselnuß *(Corylus)*

Haselsträucher sind äußerst schnittverträglich. Früher war es üblich, die

Büsche im Winter radikal bis zum Boden zu stutzen, um die langen Ruten für Flechtwerk zu gewinnen. Allerdings verlieren sie dadurch ihre schöne, lockere Gestalt. Grundsätzlich genügt es, Haselsträucher gelegentlich auszulichten, wobei einige alte Äste am Boden entfernt werden, um Platz für junge Ruten zu schaffen. Bei der Korkenzieherhasel (*C. avellana* 'Contorta') kommt es darauf an, die Wildtriebe, die sich immer wieder aus der Veredelungsunterlage aus dem Boden entwickeln, unverzüglich zu entfernen. Die Baumhasel (*C. colurna*) braucht nach der Erziehung keinen besonderen Schnitt, da sie von Natur aus eine gleichmäßige Krone mit durchgehendem, geradem Mittelleittrieb entwickelt.

Perückenstrauch *(Cotinus)*

Diese Sträucher bilden etwa 3 bis 4 m hohe, breit kugelige Büsche mit auffälligen Blüten- und Fruchtständen. Sie sollen möglichst frei stehen und unbeschnitten wachsen dürfen. Nur nach strengem Frost ist eventuell ein Schnitt der erfrorenen Triebe nötig.

Rote Sorten des Perückenstrauchs (C. coggygria 'Royal Purple') können im Spätwinter auch stark zurückgeschnitten werden, damit sich besonders kräftige Triebe entwickeln.

Felsenmispel *(Cotoneaster)*

Von dieser Gehölzgattung gibt es eine Reihe verschiedener sommergrüner und immergrüner Arten und Sorten. Bekannt ist vor allem der unverwüstliche Bodendecker (*C. dammeri*), der – wie auch die anderen Arten – auf jedem Boden gedeiht. Felsenmispeln brauchen keine Pflege und keinen Schnitt. Sie sind jedoch sehr schnittverträglich und verjüngen sich selbst nach einem kräftigen Rückschnitt wieder.

Weißdorn *(Crataegus)*

Weißdorn-Arten sind dornige Sträucher oder kleine Bäume, die keinen Schnitt brauchen. Nur bei veredelten Sorten (z. B. beim Rotdorn) sind Wildtriebe unterhalb der Krone umgehend wegzuschneiden. Lediglich streng formierte Weißdornhecken brauchen den jährlichen Sommerschnitt.

Ginster *(Cytisus)*

Die verschiedenen Ginster-Arten und -Sorten sind vor allem wegen ihrer Blüten attraktiv. Ginster blühen am vorjährigen Holz, also an den Trieben,

Cytisus-Arten vertragen einen Auslichtungsschnitt nach der Blüte.

die sich im Vorjahr entwickelt haben. Sie dürfen deshalb im Frühjahr nicht geschnitten werden, weil sonst ein Teil der Blütentriebe verloren ginge. Ein Schnitt ist ohnehin unnötig, weil sich die üppigen Büsche selbst verjüngen. Nur auseinandergefallene Sträucher lassen sich durch den Rückschnitt alter Zweige (nach der Blüte) zu buschigem Wuchs anregen.

Seidelbast *(Daphne)*

Diese kleinen Gehölze, die am besten auf kalkhaltigen, humosen Böden an sonnigen Plätzen gedeihen, entwickeln kniehohe Büsche (z. B. *D. cneorum*) oder etwa mannshohe Sträucher (*D. mezereum*). Beide sind giftig. Ein Schnitt schadet ihnen, weil der natürliche bizarre Wuchs zu bewahren ist und das kurze Blüten- beziehungsweise Fruchtholz erhalten bleiben soll.

Deutzie *(Deutzia)*

Deutzien gibt es in verschiedenen Arten und Sorten. Sie blühen reich und regelmäßig im Mai bis Juni und entwickeln 1 bis 2 m hohe dichte Büsche. Damit sie wüchsig und blühfähig bleiben, werden zu dichte Büsche im Spätwinter ausgelichtet, wobei es genügt, drei bis vier alte Zweige am Boden abzuschneiden. Dies beeinträchtigt den Flor im kommenden Frühjahr kaum.

Prachtglocke *(Enkianthus)*

Dieser schüttere Strauch, der im Mai kleine Blütenglöckchen öffnet, braucht sauren Boden und gedeiht in Gemeinschaft mit Rhododendron und Heidekraut am besten in einem Moorbeet. Jungpflanzen lassen sich durch das Einkürzen langer Triebe zur Verzweigung anregen. Erwachsene Pflanzen brauchen keinen Schnitt.

Schnee- oder Winterheide *(Erica)*

Die Winterheide (*E. carnea*) gehört wie die verwandten Arten zu den Moorbeetpflanzen und wächst nur auf saurem Boden. Je nach Art und Sorte blüht sie etwa von Dezember bis April. Damit sie buschig bleiben, schnei det man die kleinen Sträucher im Frühjahr nach der Blüte scharf zurück. Allerdings dürfen nur die jun-

Deutzien können nach der Blüte auch nachgeschnitten werden.

gen Triebe eingekürzt werden. Ein Schnitt ins alte Holz ist zu vermeiden.

Spindelstrauch *(Euonymus)*

Die Gattung der Spindelsträucher ist recht vielfältig. Sie umfaßt sommergrüne Großsträucher (*E. europaeus*) sowie immergrüne Bodendecker (*E. fortunei*), die Haftwurzeln entwickeln und klettern können. Die Sträucher, u.a. die Flügelspindelsträucher (*E. alatus*), die sich durch auffällige Korkleisten am Holz auszeichnen, wachsen recht locker und brauchen keinen Schnitt. Auch die immergrünen Arten müssen nicht geschnitten werden. Sie lassen sich jedoch im Sommer wie Heckenpflanzen stutzen, wenn sie etwa als Beeteinfassung schmal und niedrig bleiben sollen. Das Pfaffenhütchen (*E. europaeus*) wird gerne von Vögeln aufgesucht, die neben den Früchten auch die Rinde verzehren.

Radspiere *(Exochorda)*

Die verschiedenen Arten dieses schönen Strauchs blühen alle im Mai und entwickeln etwa drei bis vier Meter hohe Büsche. In der Jugend läßt sich durch den Rückschnitt nach der Blüte die Verzweigung anregen. Auch alte Büsche werden gelegentlich nach der Blüte ausgelichtet, damit sie nicht verkahlen und vital bleiben.

Forsythien bilden ihre Blütentriebe jeweils im Sommer vor dem Frühjahrsflor. Die Blütentriebe sind im Winter deutlich an dicken Knospen erkennbar.

Forsythie *(Forsythia)*

Diese knallgelben Frühjahrsboten werden vorzugsweise nach der Blüte ausgelichtet, weil beim Winterschnitt Blütenzweige verloren gehen würden. Es genügt, drei bis vier alte Zweige am Boden abzutrennen und Platz für junge Triebe zu schaffen, die dann im nächsten Jahr blühen.

Federbusch *(Fothergilla)*

Diese kleinen Zaubernußgewächse sind wie die verwandte Hamamelis oder die Scheinhasel von Natur aus locker im Wuchs und brauchen keinen Schnitt und keine besondere Pflege.

Ginster *(Genista)*

Die Ginster-Arten, die insbesondere im Mittelmeerraum verbreitet sind (z. B. *Genista lydia*), vertragen wie der Elfenbeinginster (*Cytisus*) trockene, sandige Böden und entwickeln etwa 1 m hohe Büsche. Anders als der Elfenbeinginster sind sie nicht ganz frosthart. Nach einem strengen Winter frieren sie stark zurück. Dann müssen erfrorene Triebe bis ins gesunde Holz zurückgeschnitten werden. Der Rückschnitt im Frühjahr wirkt sich auch beim etwas härteren Färberginster (*G. tinctoria*) gut auf die Verzweigung aus.

Ginster-Arten entwickeln kein festes Zweiggerüst.

Die Zaubernuß bildet von Natur aus ein wenig verzweigtes Strauchwerk. Falls nötig werden nur störende Triebe entfernt.

Zaubernuß *(Hamamelis)*

Die Zaubernuß-Arten (*H. japonica und H. mollis*) und -Sorten entwickeln ein lockeres Geäst, das keinen Schnitt benötigt. Allerdings sind bei veredelten Sträuchern die Wildtriebe aus der Veredelungsunterlage zu entfernen; insbesondere bei den Sorten, die auf die amerikanische Art (*H. virginiana*) veredelt werden. Die Wildtriebe sind leicht erkennbar, weil sie im Herbst blühen. Wenn sie die edlen Triebe nicht bedrängen, kann man sie aber auch erhalten; der Strauch besteht dann aus der Virginischen Wildart und der Veredelung. Die edlen Triebe blühen im Winter je nach Sorte kräftig rot oder gelb, die Wildtriebe entfalten ihre zartgelben Blüten im Herbst.

Eibisch *(Hibiscus)*

Der Freilandeibisch (*H. syriacus*) ist in der Jugend etwas frostempfindlich und sollte geschützt werden. Mit zunehmendem Alter wird er härter. Erfrorene Triebe werden im Frühjahr zurückgeschnitten. Sonst ist kein Schnitt nötig.

Sanddorn *(Hippophae)*

Der Sanddorn ist zweihäusig, das heißt es gibt weibliche und männliche Pflanzen. Man braucht also genügend Platz, weil mindestens zwei Pflanzen nötig sind, damit Früchte reifen. In der Regel pflanzt man aber immer mehrere Sträucher, weil die weiblichen Jungpflanzen kaum von den männlichen zu unterscheiden sind.
Ein Schnitt ist weniger zur Erhaltung der Sträucher als vielmehr zu ihrer Eindämmung nötig. Vor allem sind störende Wurzelausläufer zu beseitigen. Zur Ernteerleichterung kann man auch einige Fruchtzweige abschneiden. Dadurch wird zugleich Raum für junge Triebe geschaffen.

Hortensie *(Hydrangea)*

Die bekanntesten Hortensien sind wohl die Garten- oder Bauernhortensien (*H. macrophylla*). Sie entfalten ihre großen Blütenteller im Sommer aus vorjährigen Blütenknospen, das heißt sie bilden ihre Blütenknopsen bereits im Vorjahr. Ein Schnitt im Winter oder Frühjahr ist selbstverständlich nicht empfehlenswert und schädlich, weil dabei Blütentriebe vernichtet werden. Allerdings frieren bei strengem Frost die Triebe leicht zurück und damit auch die Blütenknospen – ein Rückschnitt bis ins gesunde Holz ist in diesem Fall unvermeidlich. Im folgenden Sommer fällt dann die Blüte aus. Der Strauch bildet aber wieder Blütentriebe für das nächste Jahr.
Auch die meisten anderen Hortensien-Arten bilden ihre Blütenknospen bereits im Jahr vor der Blüte und bleiben unbeschnitten, so etwa die Kletterhortensie (*H. petiolaris*), die baumartige Hortensie (*H. arborescens*) oder die Samt-Hortensie (*H. aspera*). Nur die Rispenhortensie (*H. paniculata* 'Grandiflora') blüht besonders üppig, wenn sie im Frühjahr kräftig gestutzt wird, wenn also alle vorjährigen Triebe bis auf wenige Knospen (wie bei Edelrosen) zurückgeschnitten werden. Sie bildet ihre Blüten an den einjährigen Trieben, also an denen, die sie bis zur Blütezeit im Sommer hervorbringt.

Die Baumhortensie (H. arborescens) *braucht keinen Schnitt.*

Stechpalme *(Ilex)*

Stechpalmen sind immergrüne Sträucher mit glänzenden, ledrigen Blättern, die bei einigen Arten stechende Ränder aufweisen. Am besten bekommt ihnen ein geschützter Ort im lichten Schatten, wo sie vor Wind und strengem Frost verschont bleiben. Lediglich bei Frostschäden muß zur Schere gegriffen werden, wobei nur das Nötigste, vor allem erfrorene Spitzen, zu entfernen sind. Wenn sie von benachbarten Gehölzen bedrängt werden, schneidet man sie frei, damit sie gerade aufrecht wachsen. Es genügt dann, gelegentlich einige Äste zurückzuschneiden.

Berglorbeer *(Kalmia)*

Diese Moorbeetpflanzen brauchen sauren Boden, auf dem sie kleine Büsche mit immergrünen Blättern und rosa Doldenblüten entwickeln. Sie brauchen keinen Schnitt.

Die Kerrie breitet sich stark aus; wo die Wurzelausläufer stören, werden sie entfernt.

Ranunkelstrauch *(Kerria)*

Die Japanischen Ranunkelsträucher (*K. japonica*) gedeihen wie die meisten anderen Frühjahrsblüher auf jedem guten Gartenboden, wo sie keine besondere Pflege brauchen. Im Spätwinter sind erfrorene Triebspitzen zurückzuschneiden. Sonst lichtet man die kleinen Büsche mit den typischen grünen Trieben am besten nach der Blütezeit im Mai gelegentlich aus.

Kolkwitzie *(Kolkwitzia)*

Dieser der Weigelie ähnliche Frühblüher entwickelt viele lange, überhängende Blütenzweige, die gelegentlich im Frühjahr nach der Blüte auszulichten sind. Es genügt, einige alte Zweige direkt am Boden abzutrennen und Platz für junge Triebe zu schaffen.

Goldregen *(Laburnum)*

Der Goldregen (*L. anagyroides*, *L.* x *watereri*) ist ein Großstrauch, der ein recht lichtes, kräftiges

Geäst entwickelt. Er braucht keinen besonderen Schnitt. Falls nötig, sind schwache, dürre und durch Frost gerissene Zweige zu entfernen.

Lavendel *(Lavandula)*

Der Lavendel ist ein immergrüner Kleinstrauch. Nur bei strengem Frost sterben die Triebe im Winter ab. Man schneidet sie dann im Frühjahr vor dem neuen Austrieb zurück. Ein Schnitt ins alte Holz ist möglichst zu vermeiden.

Buschklee *(Lespedeza)*

Der Buschklee ist ein Halbstrauch und friert gewöhnlich im Winter ab. Er wird dann im Frühjahr bis zum Boden zurückgeschnitten.

Liguster *(Ligustrum)*

Der Liguster gehört zu den schnittverträglichsten Gehölzen und eignet sich deshalb ideal für Formschnitthecken. Es gibt verschiedene kleine und große, sommer- und wintergrüne Arten und Sorten, die gleichermaßen schnittverträglich sind. Ligusterhecken werden jedes Jahr im Sommer getrimmt. Freistehende Einzelpflanzen brauchen keinen Schnitt. Allenfalls werden sie gelegentlich ausgelichtet.

Der Liguster ist eines der schnittverträglichsten Gehölze. Die Erziehung eines Torbogens dauert allerdings mehrere Jahre.

Geißblatt, Heckenkirsche *(Lonicera)*

Die Gattung weist sommergrüne wie immergrüne Arten auf. Die sommergrünen Sträucher, wie etwa *L. xylosteum*, brauchen nur gelegentlich ausgelichtet zu werden. Die immergrünen, wie etwa *L. nitida*, brauchen keinen Schnitt, es sei denn, strenger Frost hat die Zweige geschädigt. Falls nötig, vertragen sie dann auch einen kräftigen Rückschnitt und bauen sich bald wieder auf. Kletternde Arten siehe S. 110.

Lonicera-*Strauchformen bilden in der Natur sehr dichte Büsche.*

Magnolie *(Magnolia)*

In ihrer Heimat in Nordamerika und Japan entwickeln sich die großen Magnolien-Arten zu prächtigen Bäumen. In Mitteleuropa sind Magnolien nur als kleine Bäume kultivierbar (z. B. *M. kobus*), als große Sträucher (z. B. *M.* x *soulangiana*) oder als kleine Sträucher (z. B. *M. stellata*). Die lichten Büsche (bei Strauchformen) oder Bäume (bei Kronenformen) sollten nach der Erziehung möglichst wenig beschnitten werden, um ihre Gestalt zu bewahren. Frostempfindlich sind übrigens nur die Blüten, wenn sie sich bereits leicht geöffnet haben und vom Spätfrost überrascht werden. Das Holz ist ausreichend hart.

Mahonie *(Mahonia)*

Mahonien sind kleine Sträucher mit immergrünen, ledrigen Blättern, gelben Blüten im Frühjahr und blauen Beeren im Herbst. Gelegentlich sind störende Wurzelausläufer einzudämmen oder zu beseitigen. Die Sträucher selbst dürfen nicht geschnitten werden. Auch wenn der Frost das Laub beschädigt hat, verjüngen sie sich im Frühjahr bald wieder und bringen frische grüne Blätter hervor.

Strauchpfingstrose *(Paeonia)*

Neben den staudenartigen Pfingstrosen sind Strauchpfingstrosen hübsche Pflanzen, vor allem die Sorten der *P. suffruticosa*. Diese bilden sparrige, holzige Büsche. Sie brauchen tiefgründigen, humosen, nährstoffreichen Boden mit gutem Wasserabzug. Der Schnitt beschränkt sich auf das Entfernen von erfrorenen Spitzen.

Magnolien.

Die Blüten der Strauchpfingstrose bleiben nur kurz erhalten.

Parrotie *(Parrotia)*

Wie die anderen Zaubernußgewächse entwickelt die Parrotie (*P. persica*) ein lockeres, ausgebreitetes Zweigwerk. Der etwa 10 m hohe Strauch braucht einen freien Stand, wo er sich ungehindert und ohne Schnitt entfalten darf.
In der Jugend ist ein Frost- und Windschutz zu empfehlen.

Silberstrauch *(Perovskia)*

Der Silberstrauch, auch Blauraute genannt, ist ein Halbstrauch, der gewöhnlich im Winter völlig zurückfriert. Nach einem kräftigen Rückschnitt im Frühjahr auf kurze Stummel treibt er üppig aus dem Wurzelstock und blüht bereits im Sommer wieder.

Die Perovskia ist ein Halbstrauch für sonnige Beete oder Steingärten. Gelegentlich ist diese Pflanze aus dem westlichen Asien auch als Blauraute bekannt.

Pfeifenstrauch, Falscher Jasmin *(Philadelphus)*

Die *Philadelphus-Arten* und -Sorten sind wie Forsythien, Weigelien und Spiräen willkommene Frühjahrsblüher. Wie diese werden sie nur gelegentlich ausgelichtet, wobei es genügt, einige alte Zweige am Boden wegzunehmen. Das geschieht entweder im Spätwinter, wenn bei vernachlässigten Büschen ein stärkerer Rückschnitt fällig ist, oder nach der Blüte, wenn die Büsche gut gepflegt sind.

Lavendelheide *(Pieris)*

Diese immergrüne Moorbeetpflanze gedeiht auf saurem, gut feuchtem Boden. Der kleine Strauch, der in verschiedenen Sorten kultiviert wird, braucht keinen Schnitt.

Fünffingerstrauch *(Potentilla)*

Fünffingersträucher (*P. fruticosa*) sind kleine, kugelige Sommerblüher, die regelmäßig im Frühjahr auszulichten sind, damit sie vital und blüh fähig bleiben. Sie verkraften auch einen kräftigen Rückschnitt und verjüngen sich bereits bis zum Sommer wieder.

Schlehe *(Prunus spinosa)*

Dieses Wildobstgehölz braucht genügend Raum zur Entwicklung der dichten dornigen Zweige. Der Schlehdorn paßt am besten in Wildstrauchhecken. Hier werden nur störende Wurzelausläufer beseitigt.

Kirschlorbeer *(Prunus laurocerasus)*

Der immergrüne Kirschlorbeer bildet je nach Sorte niedrige Büsche oder etwa 2 m hohe Sträucher. Diese sollten gleichermaßen ungehindert wachsen. Nur wenn die schönen Gehölze in Hecken gezogen werden, bekommen sie einen maßvollen Formschnitt. Dieser geschieht aber nicht radikal mit der Heckenschere. Vielmehr werden die Zweige vorsichtig mit der Astschere eingekürzt.

Der Kirschlorbeer läßt sich auch als Hecke ziehen. Freiwachsende Exemplare bringen aber mehr Blüten hervor.

Feuerdorn *(Pyracantha)*

Der Feuerdorn ist bedingt immergrün – bei strengem Frost verliert er seine Blätter. Freistehende Exemplare, sollten unbeschnitten wachsen. Formschnitthecken aus Feuerdorn, die sich durch ihre Undurchdringlichkeit, ihre Blüten, ihre Früchte und ihre halbimmergrünen Blätter auszeichnen, werden im Sommer getrimmt.

Faulbaum *(Rhamnus)*

Die Faulbaum-Arten (z. B. *Rh. frangula*) sind baumartige Sträucher ohne ausgeprägten Wuchscharakter. Wie andere heimische Wildgehölze brauchen sie keine besondere Pflege und keinen Schnitt, wenn sie genügend Raum zum Ausbreiten haben (z. B. in Wildstrauchhecken).

Alpenrose *(Rhododendron)*

Die immer- oder sommergrünen Moorbeetpflanzen brauchen sauren Boden

Solange sie buschige Sträucher bilden, brauchen Rhododendren keinen Schnitt. Wichtiger ist die Versorgung mit kalkfreiem Erdsubstrat.

und vorzugsweise einen halbschattigen Standort. Es gibt zahlreiche große und kleine Arten und Sorten, die sich gut verzweigen und schöne, reich und regelmäßig blühende Büsche bilden. Sie lassen sich auch gut als Stämmchen ziehen.
Einen Schnitt brauchen weder die immergrünen noch die sommergrünen Arten und Sorten. Allerdings vertragen sie sogar einen kräftigen Rückschnitt, der eventuell bei alten Büschen nötig ist, wenn diese unten mangels Licht verkahlen. Dann schneidet man staksige Zweige jeweils knapp über einem weiter unten stehenden Seitenzweig ab. Die beste Zeit dazu ist im Spätwinter.
Grundsätzlich ist es günstig, vor allem bei großblumigen Sorten, die welken Blüten auszubrechen, damit sie keine unnötige Kraft für die Samenentwicklung verbrauchen.
Zur Gesunderhaltung empfiehlt es sich, Rhododendren gelegentlich mit frischem Moorbeet-Substrat zu versorgen oder etwa alle sechs Jahre mit großem Wurzelballen auszugraben und in frische Beete zu setzen, wenn das alte Substrat verbraucht ist. Eine beginnende Gelbfärbung der Blätter (Chlorose) ist dafür ein deutliches Zeichen.

Essigbaum, Hirschkolbensumach *(Rhus)*

Der kleine Baum (*R. typhina*) mit schirmförmiger Krone treibt reichlich Wurzelausläufer, die immer wieder möglichst vollständig zu beseitigen sind, sonst wuchern sie den Standraum völlig zu. Weiter ist kein Schnitt und keine besondere Pflege nötig.

Alpen-Johannisbeere *(Ribes)*

Diese Waldpflanzen gedeihen am besten auf humosem Boden, der gut gemulcht ist (z. B. mit Rindenhumus abgedeckt). Sie breiten sich leicht durch Wurzelausläufer aus. Diese müssen immer wieder entfernt werden, wenn sie stören. Sonst brauchen die Sträucher nur regelmäßig im Frühjahr ausgelichtet werden. Bei Stammformen sind die Triebe aus dem Stamm oder aus dem Boden immer wieder zu beseitigen.

Rose *(Rosa)*

Die Rose ist das Gehölz mit den meisten Sorten. Gutsortierte Rosensichtungsgärten haben Tausende von Sorten in Pflege. Zudem sind jede Menge Wildarten in Kultur. Die Wildrosen (z. B. *R. canina, R. rugosa, R. glauca*) gedeihen an vollsonnigen Plätzen auf jedem guten, tiefgründigen Gartenboden und benötigen nur gelegentlich einen Auslichtungsschnitt. Lediglich wuchernde Arten wie etwa *R. rugosa* müssen immer wieder reduziert werden, wenn ihre Ausläufer stören. Bei allen Edelrosen und Beetrosen jedoch gehört ein regelmäßiger Schnitt zur Pflege. Vor allem die Teehybriden, die Floribunda-Sorten und die Polyantha-Rosen brauchen den jährlichen Rückschnitt. Er richtet sich unter anderem nach der Wuchsstärke. Zunächst wird im Frühjahr nach dem Abhäufeln des Winterschutzmaterials alles dürre und schwache Holz ausgeputzt. Dann schneidet man die gesunden kräftigen Triebe auf etwa drei bis sieben Knospen zurück – schwachwachsende Sorten stärker, starkwachsende weniger stark. Jeder Trieb wird knapp über einer Knospe schräg abgetrennt. Aus diesem mehr oder weniger kurzen Zweiggerüst bauen sich die Edelrosenbüsche bis zum Sommer wieder auf und entwickeln blühfähige Triebe. Bis dahin ist es wichtig, Wildtriebe aus der Veredelungsunterlage, die an

Rosenstämmchen sind empfindlicher als Strauchformen; sie brauchen im Winter einen luftigen Frostschutz.

Das Einkürzen von Edelrosen fördert die Entwicklung buschiger Pflanzen.

den kleinen Blättchen gut erkennbar sind, immer wieder möglichst tief an der Entstehungsstelle zu beseitigen. Im Herbst werden Edelrosen nur ausgeputzt, aber nicht zurückgeschnitten, weil sie sonst mangels Substanz leicht ganz zurückfrieren.
Rosenstämmchen werden gleichermaßen ausgeputzt und gestutzt, da es ja Edelrosen sind, die auf Stämmchen veredelt wurden. Sie brauchen übrigens einen Frostschutzmantel aus Stroh oder Reisig, biegsame Stämmchen kann man auch am Boden befestigen.
Strauchrosen, Kletterrosen und Bodendeckerrosen werden weniger geschnitten als die Edelrosen: Es genügt, wenn man im Frühjahr alles dürre Holz ausputzt und die erfrorenen Spitzen bis ins gesunde Holz zurückschneidet. Sie nehmen aber auch einen kräftigen Rückschnitt hin, wenn dieser – etwa nach einem strengen Winter – nötig ist, und verjüngen sich bis zum Sommer wieder.

Weiden *(Salix)*

– siehe S. 81.

Holunder *(Sambucus)*

Holunder sind kleine (*S. racemosus*) oder große Sträucher (*S. nigra*), die im Frühjahr blühen und im Sommer fruchten. Es genügt ein gelegentlicher Auslichtungsschnitt im Spätwinter, wobei einige alte, rissige Zweige am Boden abgetrennt und entfernt werden. Der Schwarze Holunder läßt sich auch als Stämmchen ziehen. Er wird dann entsprechend hochgezogen und gelegentlich ausgelichtet.

Holunderbüsche können auch zu Stämmchen umgebildet werden.

Skimmie *(Skimmia)*

Die kleinen immergrünen Sträucher (*S. japonica*) passen gut zu den Moorbeetpflanzen, gedeihen aber auch in normalem (nicht saurem) Boden. Sie brauchen keinen Schnitt. Ein geschützter Standort wäre günstig.

Fiederspiere *(Sorbaria)*

Dieser staudenähnliche Sommerblüher (*S. sorbifolia*) bildet kein Zweigwerk, sondern zahlreiche Bodentriebe, die sich stark ausbreiten und verwildern. Die Ausläufer müssen – wo sie stören – immer wieder entfernt werden. Außerdem putzt man die trockenen Blütenstände und die dürren Triebspitzen aus.

Spierstrauch *(Spiraea)*

Spiräen sind Frühjahrs- oder Sommerblüher. Sie bilden sehr dichte Büsche, die auch ohne Schnitt jedes Jahr üppig blühen.

Die Frühjahrsblüher (*S. arguta, S.* x *vanhouttei*) vertragen den Auslichtungsschnitt nach der Blüte gut. Wenn sie beispielsweise zu groß werden und stark überhängen, kann man zu lange Zweige einkürzen und jeweils knapp über einem kürzeren Seitentrieb oder am Boden abschneiden. Dadurch werden die Büsche wieder lichter und lockerer. Die Sommerblüher (*S.* x *bumalda*-Sorten, *S. japonica*) vertragen einen kräftigen Rückschnitt im Spätwinter. Sie bilden dann bereits bis zum Sommer wieder blühfähige Triebe. Es genügt aber, die kleinen Büsche auszulichten und vor allem die alten Blütenstände auszuputzen.

Schneebeere *(Symphoricarpos)*

Schneebeeren sind kleine wuchernde Sträucher mit überhängenden Trieben, kleinen, sommergrünen Blättchen, rosa Blüten und weißen Kugelfrüchten. Wo sie wuchern dürfen – etwa als Unterpflanzung von Bäumen – brauchen sie keinen Schnitt. Wenn sie sich zu sehr ausbreiten, müssen die Ausläufer reduziert werden.

Flieder *(Syringa)*

Die kräftigen, ausläufertreibenden Sträucher (*S. vulgaris*) verwildern leicht, wenn sie sich ausbreiten dürfen. Um dies zu verhindern, müssen die Wurzelausläufer immer wieder beseitigt werden. Dies ist auch bei den Sorten nötig, die auf wilde Flieder veredelt sind.
Sonst brauchen Fliederbüsche keinen besonderen Schnitt. Man kann sie jedoch im Frühjahr auslichten, wobei ein Teil der schwachen Triebe beseitigt wird. Das alte, kräftige Geäst sollte erhalten bleiben. Keinesfalls dürfen die Blütentriebe, die an dicken Knospen erkennbar sind, beschnitten werden. Bei Fliederstämmchen sind umgehend alle Wildtriebe zu entfernen. Bei allen Arten und Sorten empfiehlt es sich, die Blütenstände zu entfernen, damit sie keine Samen bilden.

Wenn der weiße Flieder nicht mehr blüht, kommt die Schere zum Einsatz.

Tamariske *(Tamarix)*

Tamarisken sind trockenheitsresistente Sträucher für sonnigen Stand. Sie entwickeln lange, überhängende Triebe, die auf der ganzen Länge kleine rosa Blütchen tragen. Falls nötig, kürzt man störende Triebe nach der Blüte ein. Am besten läßt man sie jedoch ganz ohne Schnitt wachsen.

Schneeball *(Viburnum)*

Vom Schneeball werden sommergrüne (z. B. *V. opulus, V. lantana*) und

Diese Tamarike hat noch keinen Schnitt bekommen und steht dennoch jedes Jahr in voller Blüte.

Immergrün *(Vinca)*

Das Immergrün ist ein Bodendecker für humose Böden im Schatten von Bäumen. Der kleine immergrüne Strauch breitet sich flächig aus und muß nur, falls nötig, eingedämmt werden.

Weigelie *(Weigelia)*

Weigelien sind sommergrüne Frühjahrsblüher, die gelegentlich im Spätwinter ausgelichtet werden, wenn sie zu dicht sind. Das Entfernen einiger alter Zweige vermindert die Blütenfülle kaum.

immergrüne Arten (z. B. *V. rhytidophyllum*, *V.* x *burkwoodii*) kultiviert. Keiner der Sträucher sollte durch Schnitt beeinträchtigt werden, weil sie von Natur aus lockere Büsche bilden. Vor allem die Blütentriebe der Winterblüher (z. B. *V. fragrans*) sind zu schonen. Locker wachsend, brauchen diese keinen Schnitt. Nur der Laurustinus (*V. tinus*), der aus dem Mittelmeerraum stammt und bei uns als Kübelpflanze kultiviert wird, läßt sich streng schneiden, etwa in Kugelform.

Schneeball-Arten entwickeln ihre Blütenknospen bereits im Jahr vor der Blüte. Solche mit duftenden Blüten stammen vorwiegend aus Ostasien.

Der Schnitt der Klettergehölze

Bei Kletterpflanzen sind verschiedene Typen zu unterscheiden. Es gibt

- Selbstklimmer (z. B. Efeu, teilweise Wilder Wein), die flächig an Haftorganen die Wände hoch wachsen,
- Schlinger (z. B. Glyzinen), die sich um Schnüre oder Spanndrähte winden,
- Ranker (z. B. Wein, Clematis), die sich mit Rankorganen an Zäunen oder Spalieren festhalten, und
- Spreizklimmer (z. B. Kletterrosen), die sich mit ihren Trieben an der Kletterhilfe einspreizen.

Beim Schnitt ist natürlich neben der Pflanzenart auch die Klettertechnik zu beachten. Selbstklimmer brauchen in der Regel keinen Schnitt. Sie sollen ihre Triebe möglichst rasch über die ganze Wand verteilen. Schlinger lenkt man auf die Kletterhilfe; nur abweisende Triebe werden geheftet oder entfernt, wenn sie stören. Auch die Ranker dürfen ungehindert wachsen; nur die im Sommer blühenden Waldreben-Sorten vertragen einen Rückschnitt im Frühjahr. Spreizklimmer, insbesondere Kletterrosen und der Winterjasmin, werden nur ausgeputzt. Je nach Art und Sorte sind besondere Schnitt-Techniken zu beachten, die bei den Pflanzenbeschreibungen erläutert sind.

Die einzelnen Arten

Strahlengriffel *(Actinidia)*

Die wilde Kiwi (*A. arguta*) ist ein kräftig wachsendes Schlinggehölz. Sie ist frosthärter als das verwandte Fruchtgehölz und braucht keinen besonderen Schnitt. Falls nötig, verträgt sie einen maßvollen Rückschnitt am besten im Frühjahr.

Die Pfeifenwinde bildet ein dichtes Blätterdach.

Akebie *(Akebia)*

Das vieltriebige Schlinggehölz (*A. quinata*) windet sich auf Pergolen und andere Stützgerüste. Es braucht keinen besonderen Schnitt, verträgt ihn aber, wenn es zu groß wird oder unten verkahlt. Am besten schneidet man die Akebie – falls nötig – nach der Blüte, damit sie sich während des Sommers verjüngt und Blütentriebe für das nächste Jahr entwickelt.

Pfeifenwinde *(Aristolochia)*

Die Pfeifenwinde (*A. durior*) ist vor allem wegen ihrer großen Blätter attrakiv. Aber auch die schlingenden grünen Triebe sind im Winter ein willkommener Schmuck. Sie sollten möglichst wenig beschnitten werden. Ihren deutschen Namen hat sie übrigens von den pfeifenähnlichen Blüten, die unter den Blättern verborgen sind.

Trompetenblume *(Campsis)*

Diese strauchartige Kletterpflanze sieht man selten, obwohl sie recht robust und pflegeleicht ist und ältere Pflanzen reichlich blühen. Die Trompetenblume ist eine der wenigen Kletterpflanzen, die Haftwurzeln entwickelt und wie der Efeu Wände, Bäume und andere Objekte ohne Kletterhilfe erklimmt. Sie sollte möglichst wenig geschnitten werden, obwohl sie den Rückschnitt – falls nötig im Frühjahr – gut verträgt. Sie blüht wie der Sommerflieder an einjährigen Trieben, also an den jungen Trieben, die sie bis zum Sommer entwickelt.

Die Trompetenblume ist eine Kletterpflanze südlicher Gefilde.

Clematis-Wildarten kann man auch im Garten ansiedeln.

Waldrebe *(Clematis)*

Die gehölzartigen Waldreben erklimmen Bäume oder Spaliere mit Hilfe von spezifischen Ranken („Blattstielranker"). Alle Arten und Sorten brauchen humosen Boden und einen schattigen „Fuß" (Wurzelhals). Es gibt verschiedene Gruppen, die unterschiedlich zu behandeln sind. Man unterscheidet zwischen den Frühjahrsblühern und den Sommerblühern. Die Frühjahrsblüher, wie etwa *C. montana*, werden nach der Blüte nur ausgelichtet. Die Sommerblüher, zu denen die meisten Sorten gehören, lassen sich im Frühjahr vor dem Austrieb kräftig zurückschneiden, um sie zur Verzweigung und zu buschigerem Wuchs anzuregen. Sie vertragen auch einen Schnitt ins alte Holz. Der Rückschnitt ist jedoch in der Regel nicht nötig, weil sie sich auch ohne Schnitt ausreichend verzweigen und blühen.

Schlingknöterich *(Fallopia)*

Diese aus Asien stammende Knöterichart (*Fallopia aubertii*) ist ein Wucherer und kaum zu bändigen. Er darf nur gepflanzt werden, wenn er keine Gebäudeschäden verursachen kann. An Pergolen ist er zur schnellen Begrünung willkommen. Wo er wachsen darf, braucht er keinen Schnitt. Andernorts muß er immer wieder zurückgenommen werden, was er aber ohne Schaden verkraftet.

Der Schlingknöterich ist eine sehr wüchsige Kletterpflanze.

Efeu *(Hedera)*

Der immergrüne Efeu ist ein robuster Kletterer, der sich mit Haftwurzeln an Mauern oder Untergründen festhält. Ohne Schnitt erreicht er Höhen bis zu 20 m. Falls nötig, kann man Fenster und andere Gebäudeteile freischneiden. Ansonsten braucht er keinen Schnitt. Neben der kletternden Form gibt es eine nichtkletternde Form, die aus Alterstrieben vermehrt wird.

Kletterhortensie *(Hydrangea petiolaris)*

– siehe S. 97

Winterjasmin *(Jasminum)*

Die meisten Jasmin-Arten sind Zimmerpflanzen – nur der Winterjasmin (*J. nudiflorum*) ist ein winterhartes Gehölz. Er gehört zu den Spreizklimmern. Die sommergrünen Triebe spreizen sich zwischen die Sprossen der Kletterhilfe ein und erreichen eine Höhe von etwa 3 m. Je dichter die schwachen Triebe stehen, umso üppiger erscheint die Blüte, die bei mildem Wetter schon im Winter einsetzt. Ein Schnitt ist daher unnötig – übrigens auch, wenn der Strauch nicht als Kletterpflanze, sondern überhängend gezogen wird, etwa an einer Böschung.

Geißblatt, Heckenkirsche *(Lonicera)*

Diese Gehölzgattung umfaßt neben vielen Sträuchern eine Reihe von Kletterpflanzen. Diese Arten

Je-länger-je-lieber mit seinen duftenden Blüten eignet sich gut für die Zaunbegrünung.

zählen zu den Schlingern, wie etwa das Waldgeißblatt (*L. caprifolium*) oder das immergrüne Klettergeißblatt (*L. henryi*). Sie brauchen ein Spalier oder einen Zaun zum Festhalten. Schneiden muß man sie nicht. Alte, unten verkahlte Pflanzen lassen sich allerdings durch einen Rückschnitt zur Verzweigung und Verjüngung anregen.

Efeu läßt sich vorzüglich mit Kletterwein kombinieren.

Wilder Wein (*Parthenocissus*)

Vom Zierwein sind zwei Formen von Bedeutung. Beide sind starkwüchsige Kletterpflanzen, die sich jedoch im Wuchs unterscheiden. Die Jungfernrebe (*P. tricuspidata*) hält sich mit Haftwurzeln an Wänden fest. Aber auch eine veredelte Form des Wilden Wein (*Parthenocissus quinquefolia* var. *engelmannii*) ist ein Selbstklimmer. Der Fünflappige Wilde Wein (*P. quinquefolia*) ist ein sogenannter Sproßranker und eignet sich nicht zur Wandbegrünung, sondern besser für Drahtzäune und ähnliche Klettergerüste. Wo sie wachsen dürfen, brauchen beide Formen keinen Schnitt. Allerdings nehmen sie einen Rückschnitt ohne Schaden hin, so etwa, wenn Fenster freizuschneiden sind oder wenn sie Bäumen schaden.

Knöterich (*Polygonum*)

– siehe *Fallopia*

Glyzine, Blauregen (*Wisteria*)

Dieser sehr starkwüchsige, aber wärmebedürftige Schlinger gedeiht vorzugsweise an Spanndrähten, Schnüren oder ähnlichen Kletterhilfen. Die kräftigen Triebe umwinden auch dicke Pfosten oder Pergolabalken. Von Dachrinnen ist er allerdings fernzuhalten, weil er sie erdrücken kann.

Wie bei anderen Kletterpflanzen ist auch die Erziehung als Bäumchen möglich. Dazu wird eine Jungpflanzen mit Hilfe eines Stützpfahls in die gewünschte Höhe gelenkt. Hier bildet sich dann die überhängende Krone.

Blaureben können sich mehr als 20 m in die Höhe schlingen.

Der Schnitt der Nadelgehölze

Erziehung

Nadelgehölze werden grundsätzlich mit Ballen verpflanzt und brauchen keinen Pflanzschnitt. Auch einen Erziehungsschnitt, wie die sommergrünen Laubgehölze, brauchen sie nicht. Bei ihnen sind immergrüne Arten die Regel.
Mit Ausnahme der Thujen, Scheinzypressen, Eiben und anderer typischer, schnittverträglicher Heckenpflanzen vertragen Nadelgehölze den Schnitt schlecht. Koniferen, das sind die zapfentragenden Nadelgehölze wie Fichten, Tannen oder Kiefern, entwickeln in der Regel von Natur aus einen durchgehenden Mittelleittrieb, der sich ständig nach oben verlängert; für kriechende Arten oder Zwergkoniferen gilt das natürlich nicht. Wenn sie oben zurückgeschnitten werden, geht der typische Wuchscharakter verloren. Sie verzweigen sich und bringen mehrere Gipfel hervor.
Die schnittverträglichen Arten, wie etwa Thujen und Scheinzypressen, dürfen nur an den jungen Trieben beschnitten werden. Auch bei Säulenformen oder Hecken sollte man nicht ins alte Holz schneiden, denn Zweige ohne Nadeln treiben nicht mehr aus und bleiben kahl. Außerdem würden die Wunden stark harzen. Das kostet Kraft und sieht außerdem unschön aus. Wenn man beispielsweise einen Stamm aufputzen, also alle Äste am Stamm bis in eine bestimmte Höhe beseitigen will, ist es günstig, kurze Stummel stehenzulassen und – anders als bei den Laubgehölzen – nicht direkt am Stamm abzuschneiden. Erst wenn die Stummel vertrocknet und dürr sind, werden sie weggeschnitten. Dadurch lassen sich harzende Wunden vermeiden.

Dichte Nadelgehölze, wie Scheinzypressen, bleiben durch das Trimmen besonders schlank. Dabei werden nur die jungen Triebspitzen eingekürzt.

Die einzelnen Arten

Tanne *(Abies)*

Tannen, insbesondere die hohen Arten wie die Weißtanne (*A. alba*), bilden jeweils einen geraden, senkrechten Stamm mit waagrecht abstehenden Seitenästen. Der Stamm muß gelegentlich in der Jugend korrigiert, nämlich gestäbt und geheftet werden. Dies ist vor allem bei Veredelungen nötig (z. B. bei veredelten Koreatannen). Konkurrenztriebe zum Gipfel sind zu entfernen, damit sich keine Doppelstämme bilden. Bei alten Exemplaren sollten dürre Zweige im Kroneninneren und unten am Stamm ausgeputzt werden. Die kleinen Tannensorten, wie etwa die Zwergbalsam-Tanne (*A. balsamea* 'Nana'), bleiben niedrig und gedrungen und brauchen keinen Schnitt.

Das Nadelgehölz-Sortiment macht eine große Auswahl für den Garten möglich. Es gibt die verschiedensten Formen und Farben.

Zeder *(Cedrus)*

Zedern entwickeln einen geraden, aufrechten Mitteleittrieb mit weit ausgebreiteten, waagrechten Ästen, vor allem die Himalajazeder (*C. deodara*). Dieser natürliche Habitus ist zu fördern. Dazu wird in der Jugend der Mitteltrieb gestäbt. Jungpflanzen sind außerdem vor kaltem Wind und strengem Frost zu schützen. Sonst ist keine besondere Pflege nötig. Nur bei der Hängeform der Blauzeder (*C. atlantica* 'Glauca Pendula') muß der Mittelleittrieb auch im Alter solange gestäbt und aufgebunden werden, bis die Pflanze die gewünschte Höhe erreicht hat.

Scheinzypresse *(Chamaecyparis)*

Dieser sehr umfangreichen Gattung gehören verschiedene Arten an, deren Wildformen streng aufrecht wachsen. Sie stammen vorwiegend aus Nordamerika und Japan und sind völlig frosthart, robust und genügsam. Scheinzypressen vertragen jedoch einen kräftigen Schnitt und eignen sich sogar für Formschnitthecken. Als Einzelgehölze in freiem Stand müssen sie jedoch nicht geschnitten werden. Auch die Zwerg- oder Säulenformen brauchen keine besondere Pflege. Falls nötig, kann man die Stämme alter Exemplare aufputzen.

Leylandzypresse *(Cupressocyparis leylandii)*

Diese natürliche Kreuzung zwischen einer Zypresse

(*Cupressus macrocarpa*) und einer Scheinzypresse (*Chamaecyparis lawsoniana*) wächst sehr stark und entwickelt sich in freiem Stand zu einem hohen, kegelförmigen Baum, der keinen Schnitt braucht. Sie eignet sich auch für Formschnitthecken, die sehr schnell wachsen und mindestens einmal jährlich zu schneiden sind.

Ginkgo *(Ginkgo)*

Ginkgos (*G. biloba*) sind keine typischen Nadelbäume. Diese sommergrünen Bäume wachsen ziemlich unterschiedlich. Es gibt schlanke, aber auch breitkronige Exemplare, die sich gleichermaßen durch einen geraden, durchgehenden Stamm auszeichnen. Nach der Pflanzung brauchen sie keinen besonderen Schnitt.

Wacholder *(Juniperus)*

Vom Wacholder gibt es zahlreiche Arten und Sorten: flachwachsende (z. B. *J. communis* 'Repanda'), breitbuschige (z. B. *J.-Chinensis*-Sorten) und säulenförmige (z. B. *J. communis* 'Hibernica'), sowie Zwergformen (z. B. *J. squamata* 'Blue Star'). Sie sind recht schnittverträglich, brauchen aber gewöhnlich keinen Schnitt. Säulenförmige lassen sich eventuell pinzieren, wenn sie auseinanderfallen, wobei die überhängenden Spitzen mit der Heckenschere gekappt und zur Verzweigung angeregt werden. Pfitzerwacholder (*J. chinensis* 'Pfitzeriana') und andere breitwachsende Arten lassen sich durch den Rückschnitt einiger Äste reduzieren, wenn sie etwa an der Terrasse zu breit werden.

Leyland-Zypressen (Cupressocyparis leylandii) *dienen besonders für schnellwachsende Hecken. Die Jungpflanzen sind nicht ganz winterhart.*

Lärche *(Larix)*

Die Europäische Lärche (*L. decidua*) und die Japanische (*L. kaempferi*) sind im Wuchs ziemlich ähnlich. Beide sind sommergrün und entwickeln in freiem Stand einen mächtigen Stamm mit breit ausladender Krone. Die japanische Art bleibt jedoch kleiner als die europäische. Sie eignen sich wie andere typische Waldbäume nur für große Gärten, wo sie keinen Schnitt brauchen. Nur die Hängeformen (z. B. *L. decidua* 'Pendula') müssen gestäbt und aufgebunden werden, bis sie die gewünschte Höhe erreicht haben.

Fichte *(Picea)*

Aus Zuckerhutfichten treiben manchmal Wildtriebe, die ausgeschnitten werden müssen, wenn die Form erhalten bleiben soll.

Zwergkiefern breiten sich flächig aus.

Unter den Fichten gibt es große, kleine, überhängende, aufrechtwachsende, breite oder schlanke Koniferen – je nach Art und Sorte. Wo sie ihre mächtigen Kronen entfalten dürfen, brauchen Fichten keinen Schnitt. Wo sie zu breit würden, ersetzt man sie besser durch die schlanken Serbischen Fichten (*P. omorika*). Diese sind ebenso wie die Wald- oder auch die Blaufichten äußerst schnittverträglich und lassen sich sogar als Formschnitthecken ziehen. Alte Exemplare neigen jedoch zur Schleppenbildung, das heißt die unteren Äste biegen sich unter ihrer eigenen Last zu Boden und wurzeln fest. Falls nötig, kann man sie am Stamm entfernen. Der Schnitt ins alte Holz oder auch das Abtrennen von alten Ästen hat bei Fichten oft einen starken Harzausfluß zur Folge. Besser schneidet man die störenden Triebe weg, wenn sie noch jung und schwach sind.
Die Zuckerhutfichte „schlägt" manchmal in die Wildform zurück, das heißt, gelegentlich treiben starke Triebe aus der wilden Unterlage durch, die zu entfernen sind. Hängefichten (*P. abies* 'Inversa') müssen immer wieder gestäbt und aufgebunden werden, bis sie die gewünschte Höhe erreicht haben. Das Stäben sowie das Ausschneiden von Konkurrenztrieben ist eventuell auch bei den großen Fichtenarten nötig, wenn der Gipfeltrieb beispielsweise verkümmert oder abgebrochen ist. Die Entwicklung von doppelten Stämmen sollte man bereits bei den Jungpflanzen konsequent unterbinden.

Kiefer, Föhre *(Pinus)*

Von der Kiefer gibt es baumförmige Arten, aber auch breit und niedrig wachsende, insbesondere die Latschen oder Bergkiefern (*P. mugo*), die keinen Baum bilden, sondern einen Busch. Sie brauchen reichlich Platz zum Ausbreiten. Sie vertragen aber auch – wie alle Kiefern – einen Schnitt. Und zwar am besten im Frühjahr, zur Zeit des Austrie-

bes. Dann lassen sich die jungen, noch krautigen Triebe leicht mit den Fingernägeln oder mit der Schere pinzieren (entspitzen). Dadurch entwickeln sie sich nicht zur vollen Länge, sondern zu kurzen Ästen. Allerdings müssen dann alle Triebspitzen pinziert werden. Wenn einer vergessen wird, treibt er voll durch und entwickelt sich zur normalen Länge.
Natürlich kann man auch schwachwachsende Sorten wählen, so etwa statt der Bergkiefer die kompakte Zwergform (*P. mugo* var. *pumilio* und andere Sorten). Stammbildende kann man bis zum Boden beastet lassen oder nach Bedarf aufputzen.

Douglasie *(Pseudotsuga)*

Die Douglasie (*P. menziesii*) ist ein sehr schnell wachsender, großer Waldbaum aus Nordamerika, der mittlerweile auch in Europa als Forstbaum geschätzt wird. Im Garten braucht die Douglasie viel Raum, weil sie – der Waldfichte ähnlich – groß und breit, aber noch stärker wächst. Wie andere große Nadel- und Laubbäume läßt sie sich nicht durch Stutzen klein halten, allenfalls verstümmeln. Falls nötig können die unteren Äste entfernt werden, wenn sie mangels Licht verkahlen.

Schirmtanne *(Sciadopitys)*

Die ostasiatische Schirmtanne ist in Europa selten, weil sie das Klima und die oft kalkhaltigen Böden schlecht verträgt. In der Jugend ist ein Frostschutz nötig. Bei günstigen Bedingungen entwickelt sie eine breit kegelförmige, bis 40 m hohe Krone. Ein Schnitt ist nur zur Beseitigung von Frostschäden, aber nicht zur Erziehung oder Formgebung nötig.

Eibe *(Taxus)*

Eiben sind kleine immergrüne Bäume mit weichen

Eiben sind wohl die schnittverträglichsten Nadelbäume. Sie lassen sich wie Buchsbäumchen als Kegel, Kugeln und andere Formen ziehen.

Nadeln und rotem Holz. Neben der Wildform (*T. baccata*) gibt es eine Reihe von Züchtungen mit unterschiedlichen Wuchsformen und Größen. Sie gedeihen am besten im Halbschatten oder Schatten in humosem Boden und vertragen jeden Schnitt. Solitärs, also freistehende Exemplare, sollten jedoch nicht geschnitten werden. Nur bei strengen Eibenhecken ist der regelmäßige Schnitt nötig. Vorsicht – sie sind in allen Teilen giftig!

Lebensbaum (*Thuja*)

Thujen sind neben den Scheinzypressen und den Eiben die schnittverträglichsten Nadelgehölze. Sie eignen sich auch für Hecken und vertragen dann den jährlichen Rückschnitt im Sommer gut. Die aromatischen Wirkstoffe können gelegentlich Hautausschläge verursachen.
Ein Schnitt ins alte Holz ist zu vermeiden, weil sich Thujen schlecht verjüngen und die Kahlstellen nach einem zu starken Rückschnitt nicht mehr zuwachsen. Große Einzelexemplare (z. B. *T. occidentalis*) wachsen meistens mehrstämmig und brauchen keinen Schnitt, ebenso wenig wie die vielen verschiedenen kleinen Sorten (z. B. *T. occidentalis* 'Danica', ‚Holmstrup') oder die Säulenformen (z. B. *T. occidentalis* 'Columna'). Besonders schöne Exemplare in freiem Stand lassen sich durch regelmäßiges Trimmen mit der Heckenschere streng in Form halten (Einkürzen der jungen Triebe im Sommer).

Thujahecken gehören zum Bild vieler Siedlungen. Ausgewachsene Lebensbäume sind allerdings selten.

Hiba-Lebensbaum (*Thujopsis*)

Dieser immergrüne, breit kegelförmige Nadelbaum braucht reichlich Platz, weil er keinen Stamm, sondern einen Busch bildet, der bis unten dicht benadelt ist. In dieser Form sollte er ungehindert ohne Schnitt wachsen dürfen.

Hemlockstanne (*Tsuga canadensis*)

Die Hemlockstanne wird in Nordamerika als Nutzholzbaum in Wäldern kultiviert. In engem Stand bildet sie – wie unsere Nadelbäume – Stämme ohne deutliche Krone. In freiem Stand wächst sie breit kegelförmig aufrecht. Jungpflanzen brauchen im Garten einige Jahre, bis sie endlich Stämme bilden und hoch kommen. Die Erziehung hilft ihnen dabei. Dazu sollte ein kräftiger Trieb, der sich als Mittelleittrieb anbietet, gestäbt und aufgebunden werden. Störende Seitentriebe kürzt man ein. Hängeformen, die breit überhängend wachsen, werden in der Jugend gestäbt und bis in die gewünschte Höhe gezogen.

Kleines Lexikon des Gehölzschnitts

Ableiten/Ablenken: Steile Triebe über einem flacher stehenden Seitentrieb abschneiden.

Absenken: Steile Triebe durch Binden oder Abspreizen in waagrechte Lage bringen.

Abspreizen: Steile Triebe durch Einspreizen eines Hölzchens in flacherer Lage fixieren (→ Absenken).

Abwerfen: Die Krone eines Baumes (z. B. zum → Umveredeln) abschneiden und zwar so, daß nur kurze Stummel oder nur der Stamm erhalten bleiben.

Afterleittrieb: Meist aufrechter, kräftiger Trieb, der unmittelbar unterhalb des Mittelleittriebes steht; damit bildet er eine Konkurrenz, die zu entfernen ist.

Akrotonie: Wuchseigenart der Spitzenförderung. Sie bewirkt, daß stets die Knospe am stärksten treibt, die am höchsten steht. Dies muß nicht unbedingt die → Terminalknospe sein, sondern kann bei einem abwärts gebogenen Ast auch die am höchsten stehende Triebknospe sein (→ Oberseitenförderung).

Anplatten: eine Veredelungstechnik bei Beeren-Hochstämmchen; hierbei wird ein Edeltrieb seitlich eingesetzt.

Anschneiden: Den Mittelleittrieb bei einem jungen Obstbaum einkürzen, damit er sich verzweigt.

Ast-Rangordnung: Unterscheidung zwischen alten und jungen Trieben. Die ältesten Triebe und die Seitenäste, die zuerst gebildet wurden, bezeichnet man als Seitentriebe 1. Ordnung, deren Verzweigungen sind Seitentriebe 2. Ordnung usw.

Astring: Die Stelle, an der ein Trieb, Zweig oder Ast austreibt; oft deutlich mit einer Wulst umgeben, in der teilungsfähiges Gewebe ruht. Beim Schnitt „auf String" heilt die Wunde daher besonders schnell.

Aufputzen: alle Seitentriebe am Stamm bis zu einer bestimmten Höhe entfernen, und zwar direkt an der Austriebsstelle.

Auge: Triebknospe, im Gegensatz zur Blütenknospe.

Ausdünnen: Bei starkem Fruchtbehang einen Teil der Früchte entfernen, um den Baum zu entlasten und die Entwicklung der übrigen Früchte zu fördern.

Ausläufer: Triebe aus dem Wurzelstock, die sich unterirdisch ausbreiten. In der Regel störende Triebe, die entfernt werden, aber mitunter als Veredelungsunterlagen brauchbar sind, wenn sie mit den Wurzeln ausgegraben werden.

Auslichten: Zu dichte Krone ausschneiden, um die Gesundheit und die Belichtung zu fördern.

Basitonie: Basisförderung – die Eigenschaft, vorwiegend Triebe aus dem Wurzelstock zu entwickeln, wie bei den Sträuchern, im Gegensatz zur → Akrotonie bei Bäumen.

Buketttriebe: Vorjährige oder mehrjährige Triebe mit dicken, dicht zusammensitzenden → Fruchtknospen; z. B. bei Süßkirschen; wertvolle Fruchttriebe.

Buschbaum: Baum mit einer Kronenhöhe von 40–60 cm.

Containerware: Gehölze in Töpfen; können rund ums Jahr gepflanzt werden.

Cordon: Erziehungsform bei → Spindelbüschen; kleine Bäume mit → Mitteleittrieb, jedoch ohne deutlich ausgeprägte → Seitenleitäste 1. Ordnung (→ Astrangordnung); die Seitenleitäste werden stets kurz gehalten und auf Triebe 2. Ordnung abgelenkt.

Dickenwachstum: Die Stämme, Äste und Zweige nehmen mit zunehmendem Alter an Umfang zu.

diploid: In den Zellen sind sowohl männliche als auch weibliche Chromosomen paarig vorhanden; dies ist die Voraussetzung für eine günstige Befruchtung, im Gegensatz zu → triploid.

Edelreis: → Reiser

einhäusig: Die männlichen und weiblichen Blüten sitzen auf einer Pflanze (z. B. bei der Haselnuß). Die meisten Obstarten sind einhäusig; nur wenige sind → zweihäusig.

Entspitzen: Einen Trieb ein wenig einkürzen, um ihn zur Verzweigung anzuregen.

Erziehung: Die Formgebung eines Obstgehölzes in den ersten Jahren nach der Pflanzung.

Erziehungsklammer: Spezielle Drahtbügel zum Absenken von steilen Trieben.

Falscher Fruchttrieb: Trieb beim Pfirsich, der ausschließlich mit Blütenknospen besetzt ist; wird – im Gegensatz zum → wahren Fruchttrieb – entfernt.

Flachkrone: Im Gegensatz zur natürlichen → Rundkrone schmal und breit erzogene Krone, nahezu wie beim Spalierbaum; insbesondere in Reihen oder bei Obsthecken bevorzugt.

Freie Hecke: Reihe mit schwach-wachsenden Bäumen, die eng nebeneinander stehen und mit → Flachkronen erzogen werden.

Freimachen: Der veredelte Stamm treibt selbst Wurzeln und „macht sich von der Unterlage frei“. Dies ist unerwünscht, weil dadurch die Eigenschaften der Unterlage verlorengehen.

Freistellen: Durch den Sommerschnitt beschattete Früchte ans Licht bringen; insbesondere in zu dichten Kronen auslichten.

Fremdbefruchter: Obstgehölze, die zur → Befruchtung andere Bäume bzw. Sorten brauchen, z. B. beim Apfel oder bei der Süßkirsche.

Fruchtholz: Deutlich an dicken Knospen (→ Fruchtknospen) erkennbar, meist kurze Seitentriebe.

Fruchtknospe: Meist besonders dicke, runde Knospe, die eine Blüte und schließlich eine Frucht hervorbringt.

Fruchtkuchen: Triebverdickung, aus der → Fruchtholz entsteht.

Fruchtruten: Relativ lan-ge Triebe, die mit → Fruchtknospen besetzt sind.

Fruchtspieße: Kurze Triebe mit → Fruchtknospen.

Fußstämmchen: Beerenstämmchen mit 30–40 cm Stammhöhe.

Garnierung: Fruchtknospenentwicklung an jungen Trieben, z. B. durch gezielten Rückschnitt gefördert.

generativ: Geschlechtlich; bezieht sich häufig auf Vermehrung durch Samen, also nach geschlechtlicher Befruchtung; üblich z. B. bei Pfirsichen.

Grünschnitt: → Sommerschnitt.

Gummifuß: Austritt harziger Flüssigkeit beim Steinobst, oft infolge fehlerhaften Rückschnitts bzw. mangelnder Wundbehandlung.

Habitus: Baumgestalt, Aussehen, Wuchsform.

Halbstamm: Baum, dessen Krone in einer Höhe von 100 – 120 cm beginnt.

Halbstrauch: Pflanzentyp zwischen Staude und Strauch; die Triebe verholzen, sterben aber im Winter ab (z. B. Himbeeren).

Hecke: Obsthecke; → freie Hecke.

Heften: Junge Triebe mit Bast festbinden und in eine bestimmte Richtung lenken.

Heister: Bis zum Boden beasteter Baum; gelegentliche Baumform z. B. bei der Walnuß.

Hochstamm: Baum mit einer Kronenhöhe von 160 –180 cm (→ Halbstamm).

Hohlkrone: Trichterförmige Krone ohne senkrechten → Mittelleittrieb.

Internodien: Die Triebstücke zwischen zwei Knospen, mit je nach Obstart unterschiedlicher Länge.

Jahrestriebe: Triebe, die sich während eines Jahres entwickeln.

Johannistriebe: Triebe, die sich etwa bis zum „Johannis-Tag“ (24. Juni) entwickeln.

Kallus: Teilungsfähige Gewebeschicht, die direkt unter der Rinde liegt; nur hier wachsen z. B. → Veredelungen an.

Konkurrenztrieb: Unerwünschter Trieb, der einem erhaltenswerten Trieb (häufig Leittrieb) räumlich nahesteht, deshalb in der Entwicklung gehemmt und zu entfernen ist, wie etwa der → Afterleittrieb.

Kopulation: Technik zum → Veredeln, wobei → Unterlage und Edelreis gleich stark sind.

Künstliche Rinde: Wundverschlußmittel aus Kunstharz..

Leitast: Kräftiger, dominanter Mittel → bzw. Seitentrieb, der gezielt erzogen und in eine bestimmte Richtung gelenkt wird.

Mittelleittrieb: Durchgehender, kräftiger, senkrechter Mitteltrieb, der die Hauptachse einer → Pyramidenkrone bildet.

Mutterpflanze: Pflanze mit wünschenswerten Eigenschaften (z. B. Großfrüchtigkeit), die gezielt durch Stecklinge oder durch die Veredelung von → Reisern weitervermehrt wird.

Nicolieren: Eine besondere Veredlungstechnik bei Walnußbäumen mit einem Doppelklingenmesser.

Niederstamm: Baum mit einer Kronenhöhe von 80–100 cm.

Oberseitenförderung: Die bei einem waagrechten oder gebogenen Ast am höchsten sitzende Knospe wird am besten mit Wuchshormonen und Nährstoffen versorgt und bringt dementsprechend den kräftigsten Trieb hervor (→ Akrotonie).

Okulanten: Junge, durch Okulation veredelte Bäume, die nur einen Trieb und noch keine ausgebildete Krone haben; sind besonders für Spaliere, Obsthecken usw. geeignet und sehr preiswert.

Okulieren: Eine Sommerveredelungs-Technik, bei der nur ein Auge (Knospe) eingesetzt wird (lat. *okulus* = Auge).

Palmette: Eine Spalierform mit senkrechtem → Mittelleittrieb und waagrechten → Seitenleittrieben.

Pfropfen: Eine Veredelungsart im Frühjahr, bei der kurze Triebe in die Unterlage eingesetzt werden.

Pillarsystem: Erziehungsmethode von → Spindelbuschbäumen ohne Seitenleittriebe, was einen engen Stand in Reihen und hohe Erträge ermöglicht.

Pinzieren: Entspitzen eines Triebes, um die Verzweigung und Wuchsstärke zu fördern.

Pollenspender: Baum oder Strauch einer bestimmten Sorte, der Blütenstaub für die Bestäubung – Voraussetzung für die Fruchtbildung – liefert.

Pyramidenkrone: Krone mit senkrecht durchgehendem → Mittelleittrieb und symmetrisch angeordneten → Seitenleitästen.

Quirlholz: Altes, vielverzweigtes „quirliges“ Holz mit zahlreichen Fruchtknospen.

Reiser: Triebe von einer wertvollen Obstsorte, die zum → Veredeln dienen.

Reiter: Vergessene Wasserschosse, die sich über mehrere Jahre entwickeln konnten und steil im Kroneninnern stehen; sie müssen entfernt werden.

Ringelspieß: Kurzer Fruchttrieb mit einer oder wenigen → Fruchtknospen.

Rundkrone: Natürliche Krone mit gleichmäßig rund um den Stamm verteilten Ästen; im Gegensatz zur → Flachkrone.

Sämling: Pflanze, die aus einem Samen herangezogen wurde, im Gegensatz z. B. zum Steckling.

Saftwaage: Wenn die Zweige einer Seitenleittrieb-Etage gleich hoch stehen, werden sie ausgeglichen mit Nährstoffen und Wasser versorgt.

Die → Akrotonie gilt für alle Äste eines Gehölzes, das heißt: Die am höchsten stehende Knospe wird am besten versorgt.

Schlafendes Auge: Geschlossene Knospe, die nur unter bestimmten Bedingungen austreibt.

Schlanke Spindel: Besonders schwach wachsender Obstbaum, der ohne Seitenleitäste erzogen wird und dicht in Reihen steht.

Seitenleittrieb: Haupttrieb 1. Ordnung (→ Astrangordnung), der mehr oder weniger waagrecht am Stamm steht; die naturnahe Krone wird aus einem Mittelleittrieb und mehreren Seitenleittrieben gebildet.

Seitenleittrieb-Etage: Mehrere flache, etwa in derselben Höhe stehende und gleichmäßig verteilte Seitenleittriebe bilden eine Etage. Die Krone kann bei der Erziehung jährlich um eine Etage erweitert werden.

selbstfruchtbar: Obstgehölze, die keinen → Pollenspender brauchen und auch ohne → Fremdbefruchtung tragen, sind selbstfruchtbar, z. B. Hasel, Aprikose, Mispel.

Sommerschnitt: Schnitt während der Vegetationsperiode (meist zur Ernte), wo – im Gegensatz zum Winterschnitt – die Säfte strömen und eine raschere Wundheilung fördern.

Spalierbaum: Schwachwüchsiger Obstbaum, der sich für ein Spalier eignet und streng formen läßt.

Spalierobst: Streng an einem Gerüst gezogene Obstgehölze (z. B. Birnen, Weinreben).

Spindelbusch: Besonders schwachwüchsiger Obstbaum mit einer Stammhöhe von weniger als 60 cm; z. B. als → Spalierbaum geeignet.

Spitzenförderung: → Akrotonie.

Stäben: Unförmige Triebe, wie etwa krumme Gipfeltriebe, an einen Bambusstab heften und in die gewünschte Richtung biegen.

Stammbildner: Sorte, die besonders kräftige, gerade Stämme entwickelt und bevorzugt bei überhängenden Wuchsformen (beim Obst: Birnen) → zwischenveredelt wird.

Stammverlängerung: Junger, senkrechter Mitteltrieb, der die Hauptachse des Stammes verlängert.

Stammverstärkung: Kurze Seitentriebe, die bei schwachen Stämmchen erhalten bleiben, damit diese dicker wachsen. Sie werden später weggeschnitten.

Stummel: Abgeschnittene oder abgebrochene Zweig- oder Astreste.

Terminalknospe: Spitzenknospe am Ende eines Triebes; sie ist meist besonders kräftig ausgebildet.

Trichterkrone: → Hohlkrone ohne → Mittelleittrieb.

Triebknospe: Eng anliegende, meist schwach ausgebildete Knospe, die einen Trieb hervorbringt; im Gegensatz zur → Fruchtknospe.

triploid: In den Zellen ist der dreifache Chromoso-

mensatz vorhanden; ungünstig für die Befruchtung – triploide Sorten (z. B. 'Boskop') sind schlechte Pollenspender; im Gegensatz zu → diploiden Sorten.

Typen: Gezüchtete → Unterlagen, die bestimmte Wuchseigenschaften haben; der Typ M 9 z. B. ist sehr schwachwüchsig.

Umveredeln: Auf eine Krone die Triebe einer anderen Sorte pfropfen.

Unterlage: Ein Gehölz, auf dessen Wurzel (und Stamm) die Fruchtsorte veredelt wird: meist aus einem → Sämling oder einer ausgewählten Züchtung gezogen.

Vegetationsperiode: Die Zeit des Wachstums vom Frühjahr bis zum Herbst.

Veredeln: Zwei eng verwandte Arten oder zwei Sorten läßt man durch bestimmte Techniken so miteinander verwachsen, daß die jeweiligen Organe vorteilhafte Eigenschaften annehmen; im Obstbau häufig schwachwüchsige → Unterlage mit einem → Edelreis veredelt, dessen Fruchteigenschaften erwünscht sind.

Veredelungspartner: Die → Unterlage und der Edeltrieb, die miteinander verbunden werden.

Verjüngung: Eine alte Krone oder einen alten Strauch kräftig zurückschneiden, damit wieder viele junge Triebe entstehen.

Verkahlen: Absterben der Zweige im Kroneninnern durch Lichtmangel.

Vorjährige Triebe: Bereits verholzte Treibe, die im Vorjahr gewachsen sind.

Vorzeitige Triebe: Triebe, die sich im Sommer nach dem eigentlichen Triebabschluß noch entwickeln, meist schwach und empfindlich sind und im Winter erfrieren; häufig beim Pfirsich.

Wahre Fruchttriebe: Triebe beim Pfirsich, die mit jeweils drei Knospen besetzt sind: In der Mitte sitzt die Blütenknospe zwischen zwei Blattknospen. Diese Triebe sind wertvoll und bleiben – im Gegensatz zu → Falschen Fruchttrieben – erhalten.

Wasserschosse: Steile, mastige Triebe im Kroneninnern, die oft infolge starken Rückschnitts massenhaft entstehen.

Wurzelhals: Die Übergangsstelle von den Wurzeln zum Sproß.

Zapfen: Verholzter Aststummel, der keine Knospen hat und somit nicht austriebsfähig ist.

Zugast/Zugauge: Ast oder Knospe unmittelbar an der Schnittstelle eines abgeschnittenen Stammes oder Asts; wichtig für die Aufrechterhaltung des Saftstroms (z. B. beim → Abwerfen und → Veredeln).

zweihäusig: Die weiblichen und männlichen Blüten sitzen getrennt auf zwei verschiedenen Pflanzen (z. B. bei Kiwi); für die Befruchtung sind daher mindestens eine weiblich und eine männliche Pflanze nötig.

Zwischenveredelung: Ein Trieb, der zwischen der → Unterlage (Wurzel) zu dem → Edelreis (Krone) eingesetzt wird und meist als → Stammbildner dient.

Kolkwitzia.

Jahresüberblick

Schnitt- und Pflegearbeiten an Obst- und Ziergehölzen

Januar/Februar

Bei frostfreiem, trockenem Wetter:

- Frostschutz bei empfindlichen Pflanzen (z. B. Jungpflanzen)
- Naßschnee von bruchgefährdeten Koniferen abschütteln
- Immergrüne Gehölze bei Trockenheit wässern
- Alle nötigen Schnittarbeiten zur Erziehung, Verjüngung usw.
- Wundbehandlung mit geeigneten Mitteln
- Rindenpflege und Stammschutz
- Störende Gehölze mit Frostballen versetzen

März/April

- Frostschutz entfernen
- Rosen abhäufeln und schneiden (Veredelungsstellen bleiben bedeckt)
- Schnittarbeiten möglich, solange die Schnittwunden nicht „bluten"
- Frostschäden versorgen
- Frühblühende Ziersträucher erst nach der Blüte schneiden (z. B. Forsythien)
- Pflanzung bei frostfreiem Boden
- Pflanzschnitt
- Windwurfgefährdete Bäume nach dem Pflanzen pfählen
- Bindeschnüre bei angewachsenen Bäumen rechtzeitig lösen
- Nach Bedarf düngen (z. B. mit Kompost versorgen)
- Wurzelscheiben mulchen (z. B. mit Rindenmulch)

Mai

- Pflanzung von Gehölzen und Ballen
- Mulchen z. B. unter Hecken oder auf Baumscheiben
- Verwelkte Blüten ausbrechen (u. a. bei Rhododendron)
- Stäben und Heften junger Triebe (u. a. bei Spalierbäumen)
- Pinzieren bei Edelrosen (lange Triebe einkürzen, damit sie sich verzweigen)
- Lösen strenger Bindestricke, auch Etiketten entfernen, bevor sie in die Rinde einschneiden
- Gelbtafeln gegen Kirschfruchtfliegen nach der Blüte in die Kronen hängen; nach der Ernte wieder abnehmen

Juni

- Sommerschnitt bei Zier- und Obstgehölzen
- Doppelte Gipfel ausschneiden (bei Koniferen)
- Ende des Monats formierte Hecken schneiden
- Wildtriebe bei Veredelungen entfernen
- Rosen ausputzen
- Bewässern, falls nötig
- Stäben und Heften junger Triebe
- Kletterpflanzen heften
- Beginn der Obsternte

Juli

- Sommerschnitt möglich, solange die Triebe weich und nicht verholzt sind
- Termin für den Heckenschnitt und zum Trimmen von Figuren
- Rosen ausputzen
- Bewässern, falls nötig
- Kletterpflanzen befestigen
- Erntezeit

August

- Sommerschnitt bei Nadelgehölzen
- Rosen ausputzen
- Ab Monatsende Umpflanzen von Nadelgehölzen möglich
- Bewässern, falls nötig
- Erntezeit
- (Krankes) Fallobst aufsammeln

September

- Ab Monatsende auch wieder Pflanzung von Gehölzen ohne Ballen möglich
- Pflanzenschnitt
- Schnitt von Nußbäumen möglich
- Leimringe gegen Frostspanner anlegen (im Frühjahr wieder entfernen)
- Erntezeit
- Fallobst aufsammeln
- Frostempfindliche Gehölze bei Nachtfrostgefahr einräumen

Oktober

- Pflanzung auch von Gehölzen ohne Ballen
- Erntezeit
- Frostschutz vorbereiten
- Rosen anhäufeln

November/Dezember

- Pflanzung (bei frostfreiem Boden)
- Erntezeit
- Frostschutz anlegen

Literatur

Peter Himmelhuber
Obst- und Ziergehölze
Naturbuch Verlag,
Augsburg 1996

Boerner/Koch
Gehölzschnitt
Ulmer Verlag,
Stuttgart 1987

Hilkenbäumer/Ritsch
Schnitt der Obstgehölze
Naturbuch Verlag,
Augsburg 1998

Bund deutscher
Baumschulen
BdB-Handbücher
(z. B. Laubgehölze,
Pinneberg 1990)

Brickell/Joyce
Pflanzenschnitt &
Formgebung
Dumont, Köln 1997

Alex L. Shigo
Baumschnitt
Thalacker Verlag,
Braunschweig 1991

Bezugsquellen

BdB (Bund deutscher
Baumschulen)
Bismarkstr. 49
25421 Pinneberg

Rudi Hartmann
Postfach 1503
25421 Pinneberg

GKS Baumschulen
Halberstätter Chaussee 1
39116 Magdeburg

Fritz Herr
Postfach 1229
53340 Meckenheim

J. Lambert
Postfach 2565
54215 Trier

Geisenheimer
Baumschule
Hans Bartsch
Postfach 1250
65359 Geisenheim

Baumschule
Klaus Ganter
Baumweg 2
79369 Wyhl

Conrad Appel
Bismarckstr. 59
64293 Darmstadt

Rosen Tantau
Tarnescher Weg 13
25436 Üetersen

W. Kordes' Söhne
Rosenstr. 54
25365 Klein-Offenseth

Regionale Baumschulen
und Gartencenter

Impressum

Die Deutsche Bibliothek -
CIP-Einheitsaufnahme

Obst- und Ziergehölze richtig schneiden / Peter Himmelhuber (Red. Robert Sulzberger. Zeichn.: Helmut Flubacher). – Augsburg: Naturbuch-Verl. 1998
ISBN 3-89440-341-1

Naturbuch Verlag

Fotos: Peter Himmelhuber
Illustrationen: H. Flubacher
Umschlaggestaltung:
KA • BA factory, Augsburg
Layout: CCG, Köln
Satz: Gesetzt aus der Glypha 9/12 Punkt von Siegmund, für CCG
Reproduktion: CCG, Köln
Druck: Offizin Andersen Nexö, Graphischer Großbetrieb
Gedruckt auf umweltfreundlich chlorfrei gebleichtem Papier.
Printed in Germany

ISBN 3-89440-341-1

Register